TESTING PROGRAM TO ACCOMPANY ¿HABLA español?

FIFTH EDITION

TERESA MÉNDEZ-FAITH
St. Anselm College

LOURDES JIMÉNEZ
St. Anselm College

Formatted by
RAY FAITH

Holt, Rinehart and Winston
Harcourt Brace Jovanovich College Publishers

Fort Worth   Philadelphia   San Diego   New York   Orlando   Austin   San Antonio
Toronto   Montreal   London   Sydney   Tokyo

ISBN: 0-03-075907-2

Copyright © 1993, 1989 by Holt, Rinehart and Winston, Inc.

All rights reserved. No part of this publication may be reproduced or transmitted in any form or by any means, electronic or mechanical, including photocopy, recording, or any information storage and retrieval system, without permission in writing from the publisher.

Permission is hereby granted to reproduce the Student Tests in this publication in complete pages, with the copyright notice, for instructional use and not for resale, by any teacher using classroom quantities of the related student textbook.

Requests for permission to make copies of any additional work should be mailed to: Permissions Department, Harcourt Brace & Company, Publishers, 8th Floor, Orlando, Florida 32887.

Address Editorial Correspondence To: 301 Commerce Street, Suite 3700
Fort Worth, Texas 76102

Address Orders To: 6277 Sea Harbor Drive
Orlando, Florida 32887
1-800-782-4479, or 1-800-433-0001 (in Florida)

Printed in the United States of America

3 4 5 6 7 8 9 0 1 2   066   9 8 7 6 5 4 3 2 1

CONTENTS

PREFACE   vii

PRUEBAS (Chapter Quizzes)

    Capítulo Preliminar
        Prueba A   1
        Prueba B   3

    Capítulo uno
        Prueba A   5
        Prueba B   7

    Capítulo dos
        Prueba A   9
        Prueba B   11

    Capítulo tres
        Prueba A   13
        Prueba B   15

    Capítulo cuatro
        Prueba A   17
        Prueba B   19

    Capítulo cinco
        Prueba A   21
        Prueba B   23

    Capítulo seis
        Prueba A   25
        Prueba B   27

    Capítulo siete
        Prueba A   29
        Prueba B   31

    Capítulo ocho
        Prueba A   33
        Prueba B   35

    Capítulo nueve
        Prueba A   37
        Prueba B   39

    Capítulo diez
        Prueba A   41
        Prueba B   43

Capítulo once
    Prueba A   45
    Prueba B   47

Capítulo doce
    Prueba A   49
    Prueba B   51

Capítulo trece
    Prueba A   53
    Prueba B   55

Capítulo catorce
    Prueba A   57
    Prueba B   59

Capítulo quince
    Prueba A   61
    Prueba B   63

Capítulo dieciséis
    Prueba A   65
    Prueba B   67

Capítulo diecisiete
    Prueba A   69
    Prueba B   71

Capítulo dieciocho
    Prueba A   73
    Prueba B   75

Capítulo suplementario 1
    Prueba A   77
    Prueba B   79

Capítulo suplementario 2
    Prueba A   81
    Prueba B   83

LECTURAS (Reading Comprehension Tests/Exercises)

Capítulo Preliminar
    Lectura A   85
    Lectura B   86

Capítulo uno
    Lectura A   87
    Lectura B   88

Capítulo dos
    Lectura A   89
    Lectura B   90

Capítulo tres
    Lectura A   91
    Lectura B   92

Capítulo cuatro
    Lectura A   93
    Lectura B   94

Capítulo cinco
    Lectura A   95
    Lectura B   96

Capítulo seis
    Lectura A   97
    Lectura B   98

Capítulo siete
    Lectura A   99
    Lectura B   100

Capítulo ocho
    Lectura A   101
    Lectura B   102

Capítulo nueve
    Lectura A   103
    Lectura B   104

Capítulo diez
    Lectura A   105
    Lectura B   106

Capítulo once
    Lectura A   107
    Lectura B   108

Capítulo doce
    Lectura A   109
    Lectura B   110

Capítulo trece
    Lectura A   111
    Lectura B   112

Capítulo catorce
    Lectura A   113
    Lectura B   114

Capítulo quince
    Lectura A   115
    Lectura B   116

Capítulo dieciséis
    Lectura A   117
    Lectura B   118

Capítulo diecisiete
    Lectura A   119
    Lectura B   120

Capítulo diechiocho
    Lectura A   121
    Lectura B   122

Capítulo suplementario 1
    Lectura A   123
    Lectura B   124

Capítulo suplementario 2
    Lectura A   125
    Lectura B   126

EXÁMENES COMPRENSIVOS

I — Capítulos P–9   127
II — Capítulos 10–18   135

ANSWER KEY FOR ALL *PRUEBAS**   143

ANSWER KEY FOR ALL *LECTURAS*   185

ANSWER KEY FOR *EXÁMENES COMPRENSIVOS**   207

*Includes scripts for listening comprehension sections

PREFACE

This testing program has been prepared to accompany ¿*Habla Español?*, Fifth Edition, and to provide the instructor with a wide range of evaluation devices to use throughout the course. It has been designed to accommodate the individual needs of different language programs and instructional approaches. Each quiz evaluates student mastery of the vocabulary and grammar of the corresponding textbook chapter, as well as reading, listening comprehension, and writing skills. Included in this testing program are:

a) two *pruebas* or quizzes for each textbook chapter (including the *Capítulo Preliminar*, the 18 core chapters and the *Capítulos Suplementarios 1* and *2*)
b) two *lecturas* or cultural readings with comprehension tests for each chapter
c) two *Exámenes comprensivos* or final exams of the core material: the first one covering *Cap. Preliminar - Cap. 9*, and the second *Cap. 10 - Cap. 18*
d) complete answer keys for all of the quizzes, lecturas, and comprehensive exams

The chapter quizzes include two different versions (*Prueba A* and *Prueba B*) based on the same grammar and vocabulary material. Both quizzes test students' listening and comprehension skills as well as evaluate their knowledge of active vocabulary (focusing primarily on the themes of the chapter) and their understanding of the grammar points presented in the text. *Prueba A* follows a somewhat traditional testing approach (such as answering questions, completing sentences, filling the blanks, writing short paragraphs, etc.), while *Prueba B* offers a more varied format (including multiple choice and true/false items, open ended exercises and writing tasks, etc.) In addition, *Prueba B* always includes one or two sections which test the chapter's vocabulary and/or grammar content through the interpretation of pictures. At the end of each quiz, students have the opportunity to earn extra points by demonstrating their knowledge of culture. The *¡Puntos Extras!* end sections are based on the cultural almanac of each lesson.

In addition to the *pruebas*, this testing program offers optional corresponding *lecturas* or cultural readings dealing with the various Spanish-speaking countries included in the text. There is one *lectura* per chapter with the option of choosing between two different styles of tests: *Lectura A* with questions and short answers, or *Lectura B* with an easy to correct multiple choice exercise. Where possible, the vocabulary and grammatical structures from the chapter have also been incorporated into each reading.

The format of the two comprehensive (or final) exams is similar to that of the chapter quizzes. They include major grammatical points and other structures contained in the chapters covered, verify knowledge of vocabulary, as well as evaluate students' listening and comprehension skills. Most exercises in these exams are contextualized, thus allowing students to connect form with meaning to the greatest possible extent.

Instructors will find the quizzes easy to photocopy. Each quiz uses up only one sheet of paper when printed back to back. They are designed to take about fifteen minutes for the students to complete. In general (with a few exceptions), the various parts of *Prueba A* or *Prueba B* are completely interchangeable, testing the same grammar points with different types of exercises. Because of this, with some cutting and pasting, the instructor so inclined could create a combined test made up of elements taken from each one.

This testing program does not give point values to any of the quizzes, exams, or readings included in it so as to allow instructors to use their own (or their department's) criteria in assigning points to the various sections when grading these tests. There is a complete answer key for all exercises (except when answers vary) at the very end of the testing program. The scripts for the listening comprehension sections of each quiz and comprehensive exam are found in the answer keys as well.

COMPUTERIZED TEST BANK

In the computerized test bank, the *Capítulo Preliminar* is chapter P. The *Capítulo suplementario 1* is chapter S1 and the *Capítulo suplementario 2* is chapter S2. The EXÁMENES COMPRENSIVOS I is chapter E1 and the EXÁMENES COMPRENSIVOS II is chapter E2. *Prueba* A & B and *Lectura* A & B are consecutively numbered in each chapter. To create your own *Prueba* or *Lectura,* print the test bank chapter(s) desired by using the PRINT TEST BANK option in the Install Menu of EXAMaster. Then select the questions suited for your needs. The test disk includes the *Prueba*s and *Lectura*s as they are found in this printed testing program. If you have any questions, please feel free to call toll free 800-447-9457.

Nombre _____ Fecha _____ Sección _____

CAPÍTULO PRELIMINAR
Prueba A

I. Your instructor will ask you five questions. Answer them with complete sentences in Spanish.

1. _____
2. _____
3. _____
4. _____
5. _____

II. Complete the following dialogue by adding the appropriate information in Spanish.

--Buenos días. Me llamo _____

--¿ _____ , señorita?

--Me llamo Alejandra Fiallo.

--Mucho gusto, señorita Fiallo.

-- _____.

--¿Cómo está usted, Sr. Álvarez?

-- _____.

III. Write the Spanish equivalent of each of the following items.

1. desk _____   4. chair _____

2. book _____   5. classroom _____

3. pencil _____   6. chalkboard _____

1

Copyright © 1993 by Holt, Rinehart and Winston, Inc. All rights reserved.

IV. Complete the sentences below by filling the blanks with the correct form of *estar*.

1. Eduardo y yo _____ en el restaurante.
2. Yo _____ en la clase de español.
3. Amalia y tú _____ en la universidad.
4. El Sr. Miranda _____ en el hospital.

¡PUNTOS EXTRAS! Complete the following sentences by filling the blanks with the appropriate information.

1. En la clase de español hay una profesora y doce _____.
2. ¿Cómo se dice "workbook" en español? _____.

Nombre _____ Fecha _____ Sección _____

CAPÍTULO PRELIMINAR
Prueba B

I. Your instructor will read a short paragraph. He/She will then read five statements. If the statement is true, circle V (*verdadero*); if it is false, circle F (*falso*).

1. V / F   2. V / F   3. V / F   4. V / F   5. V / F

II. Complete the following sequences, by circling the most appropriate response for each case.

1. ¡Hola!

    Adiós. / Muy bien, gracias. / ¿Qué tal?

2. ¿Cómo está?

    Buenas tardes. / Estoy bien. / Me llamo Amelia Rosado.

3. Mucho gusto.

    Hola. / Buenos días. / Igualmente.

4. ¿Cómo se llama el profesor?

    Está mal. / Encantado. / Se llama Andrés Olivera.

5. ¿Qué es esto?

    Mucho gusto. / Es un cuaderno. / Estoy bien, gracias.

III. Form logical sentences by combining each of the subjects on the left column with an appropriate ending from the right column. Write the letter of the correct ending in the spaces provided.

1. _____ Patricia y Antonio   a. estás en el restaurante.

2. _____ Yo   b. están en la universidad.

3. _____ Nosotras   c. estoy en la clase de español.

4. _____ Tú   d. estamos en el hospital.

IV. Look at the following picture and identify the items numbered by writing down the corresponding word in Spanish in the spaces provided below.

1. _____   4. _____

2. _____   5. _____

3. _____   6. _____

¡PUNTOS EXTRAS! Complete the sentences below by filling the blanks with the appropriate information.

1. ¿Cómo se dice "wall" en español? _____.

2. En la clase hay un(a) profesor(a) y doce _____.

Nombre _____ Fecha _____ Sección _____

CAPÍTULO 1
Prueba A

I. Your instructor will ask you four questions. Answer each one in a complete sentence in Spanish.

1. _____

2. _____

3. _____

4. _____

II. Fill in the blanks with the correct forms of the indefinite articles: (*un, una, unos, unas*).

1. No es _____ papel; es _____ mapa. 2. No son _____ páginas; son _____ pasaportes. 3. No es _____ tiza; es _____ bolígrafo. 4. No es _____ pared; es _____ pizarra.

III. Form the plural of the following words.

1. avión _____   3. niña _____

2. lápiz _____   4. hotel _____

IV. Form sentences using the words below. Provide the definite articles and the contractions *al* or *del*, as necessary.

    MODELO: señoras / buscar / farmacia   *Las señoras buscan la farmacia.*

1. prima de Juan / estudiar / lección 2

   _____

2. tú / visitar / abuelo de Marisa

   _____

3. Marcelo / necesitar / libros de inglés

   _____

4. tú y yo / viajar / sur

   _____

5. estudiantes / regresar / museo

   _____

V. Complete the statements using the correct form of the verb *ser*.

1. Yo _____ Margarita Lozano. 2. Mi familia _____ de Honduras.

3. Mi hermano y yo _____ estudiantes. 4. Mis padres _____ profesores de filosofía.

VI. Complete the sentence by circling the appropriate word.

1. La hermana de mi madre es mi (abuela / tía / esposa).

2. En el aeropuerto hay muchos (aviones / personas / cámaras).

3. En la pared hay dos (mesas / semanas / pizarras).

4. La hija de tío Jorge es mi (hermana / prima / tía).

5. Nosotros regresamos del (ciudad / farmacia / norte).

VII. Write a brief paragraph (4 sentences) about yourself and your family. Use complete sentences in Spanish.

_____

_____

_____

_____

_____

¡PUNTOS EXTRAS! Complete the sentences by filling the blanks with the appropriate information.

1. _____ es la capital de España.

2. La unidad monetaria de España es la _____

Nombre _____ Fecha _____ Sección _____

CAPÍTULO 1
Prueba B

I. Listen carefully as your instructor reads a paragraph about Madrid. Then listen to the five statements that follow. Write "Sí" if the statement is true, or "No" if it is false.

1. _____   3. _____   5. _____

2. _____   4. _____

II. Provide the indefinite articles (*un, una, unos, unas*) for the following words.

1. _____ cuaderno   3. _____ papel   5. _____ paredes

2. _____ plaza   4. _____ lápiz

III. Write the plural form of the words in parenthesis.

El señor Robledo viaja a España en diciembre. Desea visitar cinco _____

(ciudad), tres _____ (universidad) y muchos _____

(museo). También desea llevar dos _____ (cámara).

IV. Complete the sentences below describing what the people are doing. Use the present tense of regular *-ar* verbs and provide the appropriate definite articles when needed.

1. Jorge   2. Los señores Vidal   3. Los estudiantes   4. Diana

1. _____ café.

2. _____ muy bien.

3. _____ capital de España.

4. _____ lección de español.

V. Fill in the blanks with the correct form of the verb *ser*.

Mi familia _____ muy interesante. Nosotros _____ de Bolivia. Mis padres _____ doctores. Mi hermana _____ estudiante de inglés y yo _____ estudiante de teatro.

VI. Complete each sentence by circling the correct word and/or writing the contractions *al* or *del* in the spaces provided, as appropriate.

1. Ana no estudia el (regalo / lección tres / capítulo tres).

2. La profesora llama _____(madre / estudiante / parientes).

3. El tío _____niño busca la (mapa / bolígrafo / clase).

4. La farmacia está _____(mañana / pronto / lado) _____hotel.

VII. Look at the family tree of a family from Madrid, Spain. Identify the following family members.

```
              Amalia + Miguel
             /              \
    Carlos + Gloria    Rosario + Mateo
      /    \                 |
  Teresa   Jorge          Eduardo
```

1. Amalia es la _____ de Miguel. 2. Miguel es el _____ de Gloria y Rosario. 3. Jorge y Eduardo son _____. 4. Mateo es el _____ de Teresa.

¡PUNTOS EXTRAS! Complete the sentences by filling the blanks with the appropriate information.

1. _____ es la capital de España.

2. El museo más importante de Madrid se llama _____.

Nombre _____ Fecha _____ Sección _____

CAPÍTULO 2
Prueba A

I. Answer the oral questions, using complete sentences in Spanish.

1. _____
2. _____
3. _____
4. _____

II. Circle the adjective that could correctly modify the following words.

1. ciudad: grande / lindo / bonito
2. tía: alta / aburrido / simpático
3. amigos: simpáticas / idealistas / bonitas
4. personas: prácticos / responsables / franceses
5. piso: tercer / bonita / trabajador

III. Write the preposition *a*, *de* or the personal *a* only when necessary.

1. Alicia comprende _____ la tía _____ Roberto. 2. ¿_____ quién debes buscar? 3. Visitan _____ los museos _____ arte. 4. Llamamos _____ Mateo y miramos _____ la televisión. 5. Llevo _____ la niña y _____ los libros _____ la clase.

IV. Fill in the blanks with the correct form of the verbs *ser* or *estar* as appropriate.

1. El abuelo _____ en el hospital. 2. ¿Manuela y Rosa _____ argentinas? 3. ¿Ustedes _____ tristes? 4. ¿La fiesta _____ en el apartamento de Paco? 5. Yo _____ alto y amable.

V. Choose the most appropriate verb from the list and fill in the blank with the correct present tense form.

escribir   comprender   deber   abrir   comer   vivir

1. Melissa _____ una composición en la computadora.
2. Ustedes _____ el libro en la página 14.
3. Nosotros _____ estudiar la lección.
4. El estudiante no _____ al profesor.
5. Mi hermana y yo _____ en un restaurante hoy.
6. Los Calvera _____ en un apartamento muy grande.

VI. Fill in the blanks with one of the following interrogative words.

¿Qué?   ¿Cómo?   ¿A quiénes?   ¿Dónde?   ¿Cúando?

1. ¿_____ viven? Vivimos en un apartamento.
2. ¿_____ está el café? Está delicioso.
3. ¿_____ visitas? Visito a mis abuelos.
4. ¿_____ es esto? Es un diccionario.
5. ¿_____ es el examen? Es mañana.

VII. Give the opposite of each word.

1. bueno _____   4. pesimista _____
2. grande _____   5. irresponsable _____
3. interesante _____   6. joven _____

¡PUNTOS EXTRAS! Complete the sentences by filling the blanks with the appropriate information.

1. Las personas de Buenos Aires se llaman _____.
2. Los _____ son los "cowboys" de Argentina.

Nombre _____ Fecha _____ Sección _____

CAPÍTULO 2
Prueba B

I. Listen carefully as your instructor reads a paragraph about Buenos Aires. Then answer the questions which will follow by circling the most appropriate response.

1. Florida / París / Madrid

2. tradicional / colonial / cosmopolita

3. Plaza de Mayo / La Casa Rosada / La Catedral

4. museos / avenidas / teatros

5. óperas y conciertos / pintores famosos / arquitectura

II. Describe each of the following persons, places or things using two adjectives.

1. Mis abuelos son _____ y _____.

2. Mi casa es _____ y _____.

3. Mi amigo(-a) es _____ y _____.

III. Fill in the blanks with the preposition *a, de* or the personal *a* when necessary.

1. Magdalena recibe _____ una carta _____ un amigo.

2. Visitamos _____ el museo _____ arte moderno. 3. Mamá lleva _____ mi hermano pequeño _____ la escuela. 4. El hotel está cerca _____ la universidad. 5. ¡Tú describes _____ la prima _____ Daniel!

IV. Fill in the blanks with the correct form of the verbs *ser* or *estar* as appropriate.

1. Hoy yo _____ enfermo y triste. 2. Creo que ellos _____ contentos. 3. Buenos Aires _____ una ciudad muy agradable.

4. Tú _____ muy inteligente. 5. Nosotros no _____ de Honduras.

V. Circle the appropriate interrogative word.

1. ¿(Dónde / Cuándo) vives? Vivo en un apartamento.

2. ¿(Cómo / Quién) es la mujer que está allí? Es la doctora Jiménez.

3. ¿(Qué / Cuál) comen? Comemos un sandwich.

4. ¿(Cuándo / Cómo) están tus padres? Están bien, gracias.

5. ¿(Cuál / Qué) es la capital de Argentina? Es Buenos Aires.

VI. Describe with complete sentences what the following people are doing. Use the present tense of regular *-er* and *-ir* verbs.

1. Las jóvenes   2. El niño   3. Silvia   4. Los estudiantes

1. _____.
2. _____.
3. _____.
4. _____.

VII. Match the word on the left with its opposite word on the right by writing in the corresponding letter.

1. _____ aburrido   a. grande
2. _____ pesimista   b. malo
3. _____ pequeño   c. fácil
4. _____ bueno   d. interesante
5. _____ difícil   e. optimista

¡PUNTOS EXTRAS! Complete the sentences by filling the blanks with the appropriate information.

1. Una persona de Buenos Aires es un _____.

2. Un animal exótico de Argentina es el _____.

Nombre _____ Fecha _____ Sección _____

CAPÍTULO 3
Prueba A

I. Your instructor will ask you four questions. Answer each one with a complete sentence in Spanish.

1. _____

2. _____

3. _____

4. _____

II. Which *tener* expression do you associate with the following? Write the correct expressions in the spaces provided below.

MODELO: Necesito dos aspirinas. *¡Tengo dolor de cabeza!*

1. Manolo desea comer tres hamburguesas.

   ¡_____!

2. Mañana es mi examen de español ¡_____!

3. Debemos llegar al estadio en cinco minutos.

   ¡_____!

4. Recibes $1.000.000 en la lotería. ¡_____!

5. Las chicas tienen mucho calor. ¡_____

   de estar en la playa!

III. Create sentences using words from each column and making the necessary changes. Use one demostrative adjective in its correct form in each sentence.

mis padres	beber		museos
tú	visitar	(este)	cafetería
mi novio y yo	comer	(ese)	refrescos
yo	cruzar	(aquel)	avenida

1. _____

2. _____

3. _____

4. _____

Copyright © 1993 by Holt, Rinehart and Winston, Inc. All rights reserved.

IV. Celina and Alfredo are discussing what they and their friends are doing right now. Form logical sentences using the present progressive tense.

MODELO: nosotras / mirar   *Nosotras estamos mirando la televisión.*

1. tú / leer / _____

2. los niños / beber _____

3. Paula y Eduardo / escribir _____

4. yo / escuchar _____

V. Everything is so expensive! Write with words how much each of the following items costs in dollars.

1. Una computadora -- $2.000 _____

2. Un edificio -- $1.000.000 _____

3. Un teléfono -- $100 _____

VI. Juan is at the library and he is guessing what his friends are studying by the books they are reading.

1. Elena lee libros sobre las civilizaciones mayas y aztecas.

   Ella estudia _____

2. Rafael lee sobre Bach y Mozart.

   Él estudia _____

3. Julia lee sobre ecuaciones y triángulos.

   Ella estudia _____

¡PUNTOS EXTRAS! Complete the sentences by filling the blanks with the appropriate information.

1. La Piedra del Sol es un _____ azteca.

2. La Pirámide del Sol está en _____, México.

Nombre _____ Fecha _____ Sección _____

CAPÍTULO 3
Prueba B

I. Listen carefully as your instructor reads a paragraph describing Mexico City. Then listen to the six statements that follow. Write "Sí" if the statement is true, or "No" if it is false.

1. _____ 3. _____ 5. _____

2. _____ 4. _____ 6. _____

II. Describe the following pictures, using an appropriate *tener* expression for each one.

1. Antonio _____

2. Mis amigos _____

3. El Sr. Ríos _____

4. Rita _____

III. Fill in each blank with the appropriate form of the demonstrative adjective used in the preceding question.

1. ¿Necesitas <u>este</u> bolígrafo? No, necesito _____ computadora.

2. ¿Buscas <u>ese</u> libro? No, busco _____ aspirinas.

3. ¿Vives en <u>aquella</u> casa? No, vivo en _____ apartamento.

4. ¿<u>Ese</u> estudiante es español? No, la mamá de _____ muchachos es española.

5. ¿<u>Este</u> chico es tu primo? No, _____ jóvenes son mis primas.

IV. Some tourists and you are at the market. Say what is going on at the present time. Use the present progressive tense.

1. Mildred lee un mapa. _____

2. Yo como tacos. _____

3. Una mujer vende ponchos. _____

4. Unos niños beben refrescos. _____

5. Tú buscas unos regalos. _____

V. In the flea market a tourist is checking the prices (in Mexican pesos) of some interesting souvenirs. Write with words the cost of some of the items.

1. Un mapa turístico -- $125 _____ .

2. Una carta de Hernán Cortés -- $11.000 _____ .

3. Un libro sobre los mayas -- $630 _____ .

VI. The following questions are directed to you. Answer them with complete sentences.

1. ¿Qué clases tienes este semestre (trimestre)?
   _____

2. ¿Cuál es la clase más difícil que tienes?
   _____

3. ¿Y cuál es la clase más aburrida?
   _____

4. ¿Qué debes estudiar para ser doctor(a)?
   _____

¡PUNTOS EXTRAS! Complete the sentences by filling the blanks with the appropriate information.

1. La Piedra del Sol es un _____ azteca.

2. En México, la ciudad de los dioses es _____ .

Nombre _____ Fecha _____ Sección _____

CAPÍTULO 4
Prueba A

I. Your instructor will ask you four questions. Answer each one with complete sentences in Spanish.

1. _____
2. _____
3. _____
4. _____

II. Complete the following dialogue with appropriate forms of *hacer*.

--¡Hola amigos! ¿Qué _____ ustedes?

--Pues..., nosotros _____ las maletas porque vamos a ir de vacaciones a Mar del Plata.

--¿ _____ calor allí ahora?

--Sí, y también _____ mucho sol. ¿Y qué _____ tú?

--¡Yo _____ planes para ir de vacaciones con ustedes! ¿Está bien?

III. Marcos and his friends are describing how they are going to spend their vacation. Say what they are doing by completing the sentences with the correct form of *ir a*.

MODELO: Juan *va a* mirar la televisión.

1. Nosotros _____ visitar las playas del sur.
2. Melissa _____ trabajar en una agencia de viajes.
3. Tú _____ hacer un viaje a Chile.
4. Yo _____ visitar Yellowstone Park.
5. Ustedes _____ bailar mucho, ¿no?

Copyright © 1993 by Holt, Rinehart and Winston, Inc. All rights reserved.

IV. Fill in the blanks with the appropriate vocabulary word(s), as necessary.

Mi cumpleaños es en el mes de _____. Mi estación favorita es _____ porque _____ y _____. En _____ esquío en las montañas y en _____ esquío en el mar. Hoy es _____, el primer día de la semana. Mañana es _____ y yo tengo el laboratorio de biología. Mi día favorito es el sexto día, _____, porque yo no tengo que ir a clases.

V. Answer the questions using a direct object pronoun.

1. ¿Escribes la carta? Sí, _____.
2. ¿Lees esos libros? Sí, _____.
3. ¿Necesitas el auto? No, _____.
4. ¿Abres las ventanas? Sí, _____.
5. ¿Compras unos regalos? No, _____.

VI. Complete the sentences below with appropriate words or phrases. Describe the weather in various cities around the world.

1. En Bermuda es _____ durante los meses de junio, julio y agosto. Allí _____ calor.
2. Hoy _____ nublado y creo que va a _____.
3. En diciembre hace mucho _____ en Alaska porque es _____.
4. En Chile los meses de primavera son _____, _____ y _____.

¡PUNTOS EXTRAS! Complete the sentences by filling the blanks with the appropriate information.

1. _____ es la capital de Chile.
2. El héroe de la revolución chilena es _____.

Nombre _____ Fecha _____ Sección _____

CAPÍTULO 4
Prueba B

I. Listen to the following paragraph. Then answer each of the questions which will follow by circling the most appropriate response.

1. argentina / chilena / italiana

2. con una chica / con la familia / con el esposo

3. toman sol / esquían en agua / van de campamento

4. sociología / sicología / biología

5. en junio / en enero / en mayo

II. Fill in each blank with the appropriate form of *hacer*.

1. Yo _____ el café por la mañana.

2. En casa, mi hermana _____ la comida.

3. Mi hermano y yo _____ ejercicios y corremos.

4. Tú _____ un viaje a las montañas, ¿no?

III. Say how you and your friends are going to spend your next vacation. Complete the sentences using the *ir a* + infinitive form.

1. El mes próximo nosotros _____.

2. Este verano ustedes _____.

3. La prima de Carolina _____.

4. En el invierno tú _____.

5. Yo _____.

IV. The following questions are directed to you. Answer them with complete sentences.

1. ¿Cuáles son los meses de verano aquí?

_____

Copyright © 1993 by Holt, Rinehart and Winston, Inc. All rights reserved.

2. ¿Qué tiempo hace en el invierno?

   _____

3. ¿Qué tiempo hace en la primavera?

   _____

4. ¿Cuándo es tu cumpleaños?

   _____

5. ¿Qué días tienes clases de español?

   _____

V. Circle the letter of the noun that corresponds to the direct object pronoun in each sentence below.

1. La escribes.
   a. ventana
   b. papel
   c. carta

2. Las compramos.
   a. niños
   b. fechas
   c. bicicletas

3. Los leen.
   a. radios
   b. libros
   c. campos

4. La hace.
   a. maleta
   b. cuaderno
   c. ciudad

5. Lo lavamos.
   a. mar
   b. regalo
   c. auto

6. Los visito.
   a. aviones
   b. museos
   c. playas

VI. Write a short paragraph in which you describe the following picture. Describe the people in it, where they are, what the weather is like, etc.

_____

_____

_____

_____

¡PUNTOS EXTRAS! Complete the sentences by filling the blanks with the appropriate information.

1. Los chilenos van a la playa en _____,

   _____ y _____.

2. _____ es la capital de Chile.

Nombre _____ Fecha _____ Sección _____

CAPÍTULO 5
Prueba A

I. Listen as your instructor asks you five questions. Answer each one with complete sentences in Spanish.

1. _____
2. _____
3. _____
4. _____
5. _____

II. Make sentences by using the correct forms of the verbs in parentheses and adding any other additional information necessary.

1. (nevar)   En Alaska _____
2. (tener)   Tú _____
3. (venir)   Las estudiantes _____
4. (cerrar)   El hombre _____
5. (entender) Yo no _____

III. Complete the sentences by filling the spaces with the appropriate forms of the possessive adjectives.

1. Esos son mis cuadernos y _____ libro de español.
2. Nosotros vivimos en una casa grande. _____ casa tiene cinco dormitorios.
3. Angélica tiene una prima cubana. _____ prima es muy amable.
4. Tu madre y _____ hermanos visitan a los abuelos.
5. Yo tengo una hija. _____ hija se llama Melissa.

IV. Rewrite each of the following sentences by replacing the indirect object in parentheses with its corresponding indirect object pronoun.

1. Mamá prepara un pastel (a nosotros).

2. Daniel escribe cartas (a sus amigos).

3. Juan va a comprar un regalo (a su madre).

4. La profesora explica el vocabulario (a la estudiante).

5. Papá manda dinero (a mí).

V. Answer the following questions with complete sentences in Spanish.

1. ¿A qué hora vienes a la universidad?

2. ¿A qué hora empieza la clase de español?

3. ¿A qué hora tomas el desayuno?

4. ¿A qué hora sales de la clase de español?

¡PUNTOS EXTRAS!

1. Los puertorriqueños no necesitan pasaportes para venir a los Estados Unidos porque son _____

2. _____ es otro nombre con que se conoce a los puertorriqueños.

Nombre _____ Fecha _____ Sección _____

CAPÍTULO 5
Prueba B

I. Listen carefully as your instructor reads a paragraph about Puerto Rico. Then listen to the five statements that follow. Circle V (*verdadero*) if the statement is true, or F (*falso*) if it is false.

1. V / F   2. V / F   3. V / F   4. V / F   5. V / F

II. Complete the sentences by circling the appropriate verbs in parentheses.

1. Tú no (pierdes / entiendes) el vocabulario.

2. El estudiante (comienza / cierra) las ventanas.

3. ¿A qué hora (empieza / piensa) el laboratorio de biología?

4. Yo (quiero / entiendo) estudiar la lección cuatro.

5. Generalmente (sienta / nieva) cuando hace frío.

III. Complete the sentences by filling the blanks with the Spanish equivalents of the possessive adjectives given in parentheses.

1. (our) _____ padre es colombiano.

2. (her) _____ apartamento es pequeño.

3. (my) _____ clases son muy difíciles.

4. (his) _____ hermana es muy bonita.

5. (your) _____ regalo está en la mesa.

IV. Look at the drawings and write sentences in Spanish describing some of the modern problems of our society.

1. _____

2. _____

3. _____

4. _____

V. Answer the following questions by replacing the underlined indirect objects with the appropriate indirect object pronouns.

    MODELO: ¿Escribes cartas <u>para tus padres</u>?   *Sí, les escribo cartas.*

1. ¿Preparas un café <u>para el abuelo</u>?

   _____

2. ¿<u>Me</u> vendes el coche?

   _____

3. ¿Compras un regalo <u>para nosotros</u>?

   _____

4. ¿Escribes el poema <u>para ellos</u>?

   _____

5. ¿Das dinero <u>a los pobres</u>?

   _____

VI. Look at the clocks below and write sentences (with *ser*) telling the time in Spanish.

   1.   2.

1. _____
2. _____

¡PUNTOS EXTRAS!

1. Otro nombre para el "Spanish Harlem" es _____.

2. El grupo hispano más grande de Nueva York es el grupo de los _____.

Nombre _____ Fecha _____ Sección _____

CAPÍTULO 6
Prueba A

I. Your instructor will ask you four questions. Answer each one in complete sentences in Spanish.

1. _____
2. _____
3. _____
4. _____

II. Fill in the blanks with the appropriate vocabulary words.

1. Para el desayuno me gusta comer _____.
2. Cuando tengo frío me gusta beber _____.
3. Para la cena me gusta comer _____.
4. Dos postres deliciosos son _____ y _____.

III. Form sentences using the words below to describe how you and some neighbors typically spend a lazy Sunday.

1. ustedes / almorzar / comida mexicana

   _____

2. Amelia / dormir / hasta las 11:00

   _____

3. nosotros / jugar / al fútbol

   _____

4. El Sr. Méndez / encontrar / su programa favorito en la radio

   _____

5. yo / soñar con / postres deliciosos

   _____

Copyright © 1993 by Holt, Rinehart and Winston, Inc. All rights reserved.

IV. Form logical sentences with the words below, using at least once each of the following verbs: *gustar*, *faltar*, *interesar*, *molestar*.

1. el tráfico _____

2. el helado _____

3. la política _____

4. un tenedor y una cuchara _____

V. Complete the sentence by circling the correct form of *pedir* or *preguntar*.

1. Yo les (pregunto / pido) si sirven pescado. 2. Nosotros (preguntamos / pedimos) el desayuno. 3. Te (pregunto / pido) ayuda con la tarea. 4. ¿Por qué no (preguntas / pides) cuánto cuesta el vino? 5. Cristina (pregunta / pide) dinero.

VI. Fill in the blanks with either *para* or *por*, as appropriate.

1. El queso es _____ las enchiladas. 2. Cuando Elena está enferma, yo trabajo _____ ella. 3. Eduardo habla _____ teléfono todas las noches. 4. Vamos _____ Nuevo México _____ tren.

VII. You and some friends are opening a new restaurant. Write a paragraph (4 sentences) describing the restaurant and the menu. Use your favorite foods and drinks.

_____
_____
_____
_____
_____

¡PUNTOS EXTRAS! Complete the sentences by filling the blanks with the appropriate information.

1. _____ es el fundador de *The National Farm Workers Association*.

2. Una contribución méxico-americana al cine es el actor _____
_____.

Copyright © 1993 by Holt, Rinehart and Winston, Inc. All rights reserved.

Nombre _____ Fecha _____ Sección _____

CAPÍTULO 6
Prueba B

I. Listen carefully as your instructor reads a passage about Nuevo México. Then read the following statements. If the statement is true, circle V for *verdadero*. If it is false, circle F for *falso*.

1. V / F   La población de Nuevo México es muy grande.

2. V / F   La capital es Albuquerque.

3. V / F   Hay dos grupos culturales en Nuevo México: los hispanos y los anglos.

4. V / F   Las personas pueden escuchar español en la radio y en la televisión.

II. Identify the following foods and drinks.

1. _____ 2. _____ 3. _____ 4. _____

III. Read the sentences below and complete them logically by filling in the blanks with the appropriate verb from the list.

   volver   llover   contar   repetir   servir

1. En Colombia _____ mucho en la primavera.

2. La vieja _____ una historia de horror.

3. Los estudiantes _____ las palabras del vocabulario.

4. El lunes mi padre _____ de Costa Rica.

5. Ese restaurante _____ comida muy picante.

IV. Look at the pictures and create sentences about what you think is going on. Use the verbs *encantar, interesar, molestar* and *gustar*. Use each verb once.

1.  2.  3. 4.

1. A Mateo _____.

2. Al profesor Martínez _____.

3. A nosotros _____.

4. A Paco _____.

V. Read the sentences below and complete them by filling the blanks with the appropriate form of *pedir* or *preguntar*.

1. Ana le _____ un favor a su hermana.

2. El hombre _____ a qué hora empieza la película.

3. Amalia no _____ postres porque está a dieta.

4. Tú _____ cuánto cuesta el flan.

VI. Complete the sentences below by circling the correct preposition.

1. El tenedor está (al lado / encima) de la mesa.   2. Esa torta es (para / por) los niños.

3. (Después / Detrás) de estudiar, me gusta escuchar la radio.   4. El hombre camina (debajo / hacia) su auto.   5. Voy a la universidad (para / por) la mañana.

VII. Answer the following questions with complete sentences.

1. ¿Qué le falta a tu universidad?

_____

2. ¿Con quién o con qué sueñas?

_____

¡PUNTOS EXTRAS! Complete the sentences by filling the blanks with the appropriate information.

1. Una cantante méxico-americana es _____.

2. César Chávez organizó _____.

Nombre _____ Fecha _____ Sección _____

CAPÍTULO 7
Prueba A

I. Listen as your instructor asks you four questions. Answer each one briefly in Spanish with complete sentences.

1. _____
2. _____
3. _____
4. _____

II. Read the sentences below and complete each one by supplying the appropriate forms of one of the verbs given in parentheses.

1. (dar / poner) Yo _____ las frutas en la mesa, pero tú _____ los discos y las cintas.

2. (traer / dar) Ustedes _____ dinero a los pobres y yo les _____ comida y ropa.

3. (poner / salir) ¿A qué hora _____ tú de la clase? Yo _____ las 11:30.

4. (oír / ver) Yo _____ las cintas de música rock y ellos _____ las de música clásica.

5. (ofrecer / pescar) Papá _____ en el mar, pero yo _____ en el río.

III. Complete the sentences by supplying the appropriate form of *saber* or *conocer*.

1. ¿Tú _____ a Carlos Vidal?
2. Señor, ¿ _____ Ud. a qué hora empieza el concierto?
3. Yo _____ tocar el piano.
4. Nosotros _____ cocinar comida típica de Colombia.

IV. Read the sentences below. Then circle the noun that corresponds to the underlined pronoun.

1. Te lo explico. a. vocabulario b. lección c. papeles

2. Se las doy. a. cintas b. a ellos c. boleto

3. Nos lo prepara. a. pastel b. canción c. discos

4. Se los ofrezco. a. consejos b. a ti c. fiestas

5. Te las saco. a. paseo b. pintura c. fotos

V. Give logical advice to someone who tells you the following things. Use *usted* or *ustedes* commands.

1. Tengo calor. _____

2. Necesitamos dinero. _____

3. Tengo dolor de estómago. _____

4. Mañana tenemos un examen difícil. _____

5. Tengo sueño. _____

VI. Describe your favorite pastimes, using at least six of the following vocabulary words. You must choose at least two words from each column.

nadar   invierno   familia
pescar   verano   amigos
bailar   otoño   hermanas
pintar   primavera   profesor

1. _____

2. _____

3. _____

4. _____

¡PUNTOS EXTRAS! Complete the sentences by filling the blanks with the appropriate information.

1. Colombia tiene acceso a dos océanos: el _____

  y el _____.

2. _____ libera a Colombia de España.

Nombre _____ Fecha _____ Sección _____

CAPÍTULO 7
Prueba B

I. Listen carefully as your instructor reads a passage about Hispanic pastimes. Then listen to the five statements that follow. If the statement if true, circle V (*verdadero*). If it is false, circle F (*falso*).

1. V / F   2. V / F   3. V / F   4. V / F   5. V / F

II. Answer all the questions below in Spanish, with complete sentences.

1. ¿A qué hora sales de la clase de español?

   _____

2. ¿Qué traes a la clase todos los días?

   _____

3. ¿Que les das a los pobres?

   _____

4. ¿Qué programas de televisión ves los jueves?

   _____

5. ¿Conoces al presidente de la universidad?

   _____

III. Read the sentences below and complete them logically by circling the appropriate form of *saber* or *conocer*.

1. ¿(Conoces / Sabes) el número de teléfono de Angélica?

2. Yo (conozco / sé) bailar la cumbia.

3. Mi familia es de Puerto Rico. Nosotros (conocemos / sabemos) todas las playas.

4. Ustedes (conocen / saben) cuál es la capital de Honduras.

IV. You are organizing a picnic for some of your friends. Answer in the affirmative, and shorten your answers by using direct and indirect object pronouns.

1. ¿Me prestas la cámara? _____

2. ¿Me traes cucharas y tenedores? _____

Copyright © 1993 by Holt, Rinehart and Winston, Inc. All rights reserved.

3. ¿Nos preparas una ensalada? _____

4. ¿Les preparas un pastel a los niños? _____

V. Tell what the people in the drawings might be saying as they make requests. Use the *usted* or *ustedes* commands.

1.
2.
3.
4.

1. _____
2. _____
3. _____
4. _____

VI. Write 5 sentences describing in Spanish what is happening at a party. Give as many details as possible.

_____
_____
_____
_____
_____
_____
_____
_____

¡PUNTOS EXTRAS! Complete the sentences by filling the blanks with the appropriate words.

1. _____ es la capital de Colombia.

2. _____ es un museo muy importante de Colombia.

Nombre _____ Fecha _____ Sección _____

CAPÍTULO 8
Prueba A

I. Your instructor will ask you four questions. Answer each one in a complete sentence in Spanish.

1. _____

2. _____

3. _____

4. _____

II. Describe your daily routine. Complete each sentence with an appropriate form of one of the reflexive verbs given in the list. Use each verb only once.

Todos los lunes yo _____ a las 7:30 de la mañana. _____ con agua fría. Después _____ los pantalones y la camisa. Voy a la cafetería y _____ en una silla, cerca de Silvia. Nosotros comemos y hablamos con otros amigos. ¡Ella y yo _____ mucho! Luego vamos a la clase de historia. Por la noche yo _____ la ropa. Generalmente _____ a las 11:00 p.m.

lavarse
sentarse
quitarse
ponerse
levantarse
acostarse
divertirse

III. Catalina is planning a trip to Spain. Advise her about what she should do or shouldn't do using the *tú* command form. Use object pronouns whenever possible.

1. comprar / el boleto / pronto

   _____

2. no olvidar / la cámara

   _____

3. no sacar / fotos / en los museos

   _____

4. ir / al aeropuerto / temprano

   _____

IV. Mrs. Zamora is talking to her children Ilsa and Kevin. Respond as they would, saying that they already did the same things yesterday. Use the preterite form.

1. Ilsa, compra leche. ¡Ya la _____ ayer!

2. Niño, lee un buen libro. ¡Ya lo _____ ayer!

3. Kevin, cierra las ventanas. ¡Ya las _____ ayer!

4. Hija, ayuda en el hospital. ¡Ya _____ allí ayer!

V. Ana María is very indecisive. She never knows what to wear. Help her by writing down the pieces of clothing she needs for the occasions listed below.

1. para la playa: _____ y _____

2. para el invierno: _____ y _____

3. cuando llueve: _____ y _____

4. para una fiesta formal: _____ y _____

VI. The following questions are directed to you. Answer them in Spanish in complete sentences.

1. ¿Salió ayer con unas amigas?

   _____

2. ¿Cuál es su color favorito?

   _____

3. ¿Se enoja usted mucho con sus amigos?

   _____

¡PUNTOS EXTRAS! Complete the sentences by filling the blanks with the appropriate information.

1. En Barcelona se habla español y _____.

2. _____ es un pintor famoso de Barcelona.

Nombre _____ Fecha _____ Sección _____

CAPÍTULO 8
Prueba B

I. Listen carefully as your instructor reads a paragraph about a trip to Barcelona. Then answer the questions which will follow by circling the most appropriate response.

1. a Madrid / a Toledo / a Barcelona

2. lejos de La Rambla / cerca de La Rambla / al lado de La Rambla

3. jugaron / comieron / sacaron fotos

4. La Rambla / el Parque Güell / el monumento a Cristóbal Colón

5. alegres / enfermos / cansados

II. Describe the folowing pictures, using a reflexive verb for each one.

1. _____
2. _____
3. _____
4. _____
5. _____

III. Parents are always telling their children what to do or not to do. Write the following commands using the *tú* form of the infinitives given. Use object pronouns whenever possible.

1. hacer / los ejercicios / ahora _____

2. ponerse / el abrigo _____

3. no decir / mentiras _____

4. no salir / de noche _____

5. comer / esa ensalada _____

IV. Tell what you and your friends did this summer. Use the preterite form of the verbs in parentheses.

1. Yo _____ (nadar) en la piscina este verano.

2. Mis primas _____ (visitar) varios museos.

3. Pepe y yo _____ (correr) todos los días.

4. Elena y Jacinta _____ (quedarse)

   todo agosto en un hotel en las montañas.

5. La tía Alejandra _____ (escribir) una novela.

V. List the items of clothing that the people are wearing in the drawings below, giving also their possible colors.

1.

2.

3.

¡PUNTOS EXTRAS! Complete the sentences by filling the blanks with the appropriate information.

1. _____ es un grupo de estudiantes que cantan y tocan la guitarra.

2. Un pintor surrealista muy famoso es _____.

Nombre _____ Fecha _____ Sección _____

CAPÍTULO 9
Prueba A

I. Your instructor will ask you five questions. Answer each of them briefly in Spanish.

1. _____
2. _____
3. _____
4. _____
5. _____

II. Complete each sentence below with the preterite form of one of the following verbs. Add the information needed to make logical statements.

    divertir(se)   dormir   servir   mentir   pedir   volver

1. Anoche mis amigos _____.
2. La semana pasada mi hermana y yo _____.
3. El verano pasado tú _____.
4. El año pasado el atleta _____.
5. Ayer mi madre _____.

III. Read the sentences below and complete them by filling the blanks with the appropriate preterite form of *saber, conocer, querer* or *poder*.

1. Nosotros _____ ayer que Luisa estaba enferma.
2. ¿Cuándo _____ usted a Pablo?
3. El atleta no _____ correr las 10 millas.
4. El joven no _____ acostarse temprano.
5. Yo _____ ir al concierto pero no _____.

IV. Answer briefly the following questions.

1. ¿Adónde fuiste ayer? _____
2. ¿Qué hiciste el sábado pasado? _____

3. ¿Qué trajiste a clase hoy? _____

4. ¿Dónde pusiste los cuadernos? _____

5. ¿Viniste temprano? _____

V. Read the following passage about sports in Spain and then answer the following questions in Spanish.

    Uno de los deportes favoritos de España es el fútbol. Cada ciudad o pueblo tiene varios equipos. Muchos aficionados asisten a los partidos; otros miran el partido que les interesa por televisión o lo escuchan en la radio. Otro deporte favorito de los españoles es la corrida de toros, un deporte muy peligroso y emocionante. Los toreros visten ropa de muchos colores. Ellos saludan a los espectadores antes de empezar la corrida. Después sale el toro, un animal muy fuerte y bravo.

1. ¿Cuáles son los dos deportes favoritos de España? _____

2. ¿Cómo es la ropa de los toreros? _____

3. ¿Qué hacen los aficionados? _____

4. ¿Es la corrida de toros un deporte aburrido o interesante? ¿Por qué? _____

¡PUNTOS EXTRAS! Fill in the spaces with the appropriate information.

1. En 1959 llegó a Estados Unidos un grupo numeroso de inmigrantes _____.

2. Ellos vinieron a Estados Unidos como exiliados políticos del régimen de _____.

Nombre _____ Fecha _____ Sección _____

CAPÍTULO 9
Prueba B

I. Listen carefully as your instructor reads a paragraph about sports in Spain and Latin America. Then listen to the five statements that follow. Circle V (*verdadero*) if the statement is true, or F (*falso*) if it is false.

1. V / F   2. V / F   3. V / F   4. V / F   5. V / F

II. Look at the pictures and describe what the people did last Saturday. Write at least two sentences for each picture, using the preterite form of the verbs listed.

1. _____
    _____
    _____

    Ramón y Ana Luisa: bailar, hablar, divertirse, sentirse muy feliz (felices)

2. _____
    _____
    _____

    El señor Díaz: llamar, hablar, pedir un sandwich, preferir

3. _____
    _____
    _____

    yo, «los aztecas», «los conquistadores»: asistir, jugar, perder, ganar

III. Read the sentences below and complete them by circling the appropriate choice of one of the verbs given in parentheses.

1. Anoche (conocimos / supimos) que hubo un terremoto.

2. Isabel no (quiso / pudo) entender la lección de francés.

3. Luis y Ana (quisieron / pudieron) viajar a Cuba, pero no (quisieron / pudieron).

4. Yo (supe / conocí) a Javier en la universidad.

IV. Complete the sentences with the appropriate preterite form of one of the verbs suggested in parentheses.

1. Ayer Ignacio _____ a una corrida de toros.
                              (ir / dar / hacer)

2. Yo le _____ un regalo de cumpleaños a mamá.
    (querer / dar / tener)

3. Los aficionados _____ temprano al partido de fútbol.
    (saber / hacer / venir)

4. Dos señoras _____ en el accidente de auto.
    (morir / conducir / poder)

5. Tú _____ una película de horror, ¿no?
    (tener / ver / deber)

V. Answer the questions with complete sentences in Spanish.

1. ¿Cuál es tu deporte favorito?
   _____

2. ¿A qué hora te acostaste anoche?
   _____

3. ¿Qué cosas trajiste a clase hoy?
   _____

4. ¿Qué ropa te pusiste esta mañana?
   _____

VI. In the spaces below, write the letters of the words from column B which you associate with those of column A.

	A		B
1	_____ raqueta	a.	nadar
2	_____ correr	b.	espectadores
3	_____ piscina	c.	pista
4	_____ corrida	d.	tenis
5	_____ aficionados	e.	torero

¡PUNTOS EXTRAS! Fill in the spaces with the appropriate information.

1. La mayoría de los cubanos de Miami viven en el barrio de _____

   _____ . 2. La mayor parte de los cubanos están aquí

   como _____ del régimen de Fidel Castro.

Nombre _____ Fecha _____ Sección _____

CAPÍTULO 10
Prueba A

I. Su instructor(a) le va a hacer cinco preguntas. Contéstelas con frases completas en español.

1. _____
2. _____
3. _____
4. _____
5. _____

II. Mis primas Alicia y Diana se parecen mucho. Compárelas formando frases comparativas de igualdad con *tan* o *tanto(-a, -os, -as)*. Use la información dada entre paréntesis.

1. (alta) _____
2. (clases) _____
3. (dinero) _____
4. (hacer ejercicios) _____

III. Forme frases comparativas de desigualdad. Use *más, menos, mayor, menor,* etc. y los elementos dados.

1. un avión / una bicicleta _____
2. mujeres / hombres _____
3. invierno / verano _____
4. fiesta / examen _____
5. abuelo / tú _____

IV. Su hermano siempre lo exagera todo. Describa las siguientes cosas como él lo hace. Use el superlativo absoluto con los adjetivos entre paréntesis.

1. (moderno)   Mi ciudad es _____.
2. (difícil)   Los exámenes son _____.
3. (bueno)   Mi madre es _____.

4. (popular) El fútbol es _____.

V. La doctora Miranda necesita llenar el formulario (*chart*) del paciente Emilio Rivera. Haga el papel del paciente y conteste las preguntas de la doctora con declaraciones negativas.

DOCTORA: Sr. Rivera, ¿Ud. siempre tiene tos?

SR. RIVERA: _____

DOCTORA: ¿Le duele alguna parte del cuerpo?

SR. RIVERA: _____

DOCTORA: ¿También tiene mareos?

SR. RIVERA: _____

DOCTORA: ¿Camina o corre o hace ejercicios...?

SR. RIVERA: _____

DOCTORA: ¿Algo le da alergia?

SR. RIVERA: _____

VI. Complete las frases llenando los espacios con las palabras o frases apropiadas del vocabulario sobre el cuerpo y la salud.

1. Yo veo con los _____.

2. Me pongo los guantes en las _____.

3. Eva lleva un sombrero en la _____.

4. Cuando el atleta corre, le duelen las _____.

5. Si tengo fiebre, tomo dos _____.

6. Si la profesora habla mucho, le duele la _____.

¡PUNTOS EXTRAS! Fill in the spaces with the appropriate information.

1. La universidad más antigua de España está en _____.

2. Rodrigo Díaz de Vivar, el héroe nacional de España, es más conocido como

_____.

Nombre _____ Fecha _____ Sección _____

CAPÍTULO 10
Prueba B

I. Su instructor(a) va a leer un párrafo sobre el cuerpo humano y la salud. Después va a leer cinco frases incompletas. Complételas marcando con un círculo las palabras más apropiadas.

1. clínica / hospital / consultorio

2. tos / fiebre / mareos

3. garganta / cabeza / estómago

4. jarabe / pastilla / vitamina

5. curarse / descansar / enfermarse

II. Usted y su mejor amigo Alberto parecen hermanos. Complete las frases de forma lógica, con expresiones comparativas de igualdad y la información adicional necesaria.

1. Yo soy _____.

2. Yo tengo _____.

3. Alberto es _____.

4. Mi amigo tiene _____.

III. Compare los siguientes dibujos y forme oraciones lógicas usando expresiones de desigualdad (*más, menos, mayor, menor*, etc.) y cualquier otra información necesaria.

1.
Fidel   Manuel

2.
María   Gloria

3.
El padre   Roberto
de Roberto

4.
Ana   Concha

1. _____
2. _____
3. _____
4. _____

IV. Usted es una persona muy exagerada y le gusta expresar opiniones. Complete las frases usando el superlativo absoluto.

1. Mi madre es _____.

2. La película fue _____.

3. El museo es _____.

4. Tú eres _____.

V. Usted es detective y necesita información para resolver un crimen en España. Le hace algunas preguntas a la abogada (*lawyer*) Santos, pero ella las contesta de forma negativa.

1. ¿Espera a alguien? _____

2. ¿Hay algo en ese bolso? _____

3. ¿Siempre come en la oficina? _____

4. ¿Algunos de sus clientes viven en Burgos? _____

   _____

VI. ¡Pobre José Antonio! Escriba un diálogo entre el doctor y su paciente José Antonio.

EN UN CONSULTORIO

DOCTOR: ¿Qué le duele?

JOSÉ: _____

DOCTOR: _____

JOSÉ: _____

DOCTOR: _____

JOSÉ: _____

DOCTOR: Tome estas cápsulas y _____

JOSÉ: Doctor, muchas gracias por su ayuda.

¡PUNTOS EXTRAS! Fill in the spaces with the appropriate information.

1. El santo patrón de España es _____.

2. La ciudad natal (*of birth*) de Santa Teresa es _____.

Nombre _____ Fecha _____ Sección _____

CAPÍTULO 11
Prueba A

I. Su instructor(a) le va a hacer cinco preguntas. Contéstelas con frases completas en español.

1. _____

2. _____

3. _____

4. _____

5. _____

II. Complete la historia con las formas apropiadas del imperfecto de los verbos entre paréntesis.

Cuando yo _____ (tener) doce años, _____ (vivir) en Guatemala. Mi padre _____ (trabajar) como ingeniero y mi madre _____ (ser) doctora. Mis hermanos y yo _____ (ir) a una escuela en las montañas. Por las tardes nosotros _____ (jugar) con los otros niños del barrio. Mi familia siempre _____ (ver) el noticiero de la tarde.

III. Complete la siguiente noticia usando el pretérito o el imperfecto de los verbos entre paréntesis, según sea necesario.

¡UN TERREMOTO!

Anoche, mientras la gente _____ (dormir), _____ (haber) un terremoto en la ciudad de Tegucigalpa. La gente _____ (salir) a las calles. Las luces se _____ (apagar). Muchas personas _____ (estar) nerviosas mientras _____ (ver) incendios por todas partes. La Cruz Roja _____ (anunciar) que miles de personas _____ (quedar) sin casas.

IV. Marque con un círculo el pronombre relativo *que* o *quien*, según sea apropiado.

1. El Sr. Miranda es el senador (que / quien) estudia los derechos civiles.

2. La Dra. Quirós es la profesora con (que / quien) sigo un curso de historia de Nicaragua.

3. Esa es la película (que / quien) quiero ver mañana.

4. La superpoblación es el problema del (que / quien) hablamos.

V. Escriba una composición corta, de unas 5 oraciones, describiendo su vida de niño(-a). Use las siguientes preguntas como modelo.

¿Cómo era su familia?   ¿Dónde vivían?   ¿Qué le gustaba hacer?

¿Quiénes eran sus amigos?   ¿Qué hacían durante las vacaciones?

_____

_____

_____

_____

VI. Marque con un círculo la palabra o frase que complete la oración de forma lógica.

1. Hubo (un terremoto / una manifestación) donde los estudiantes protestaron contra el gobierno.

2. En la huelga, los obreros (pidieron aumentos de sueldo / subió el costo de la vida).

3. El ejército atacó. La nación está en (guerra / incendio).

¡PUNTOS EXTRAS! Fill in the spaces with the appropriate information.

1. _____ es la capital de Argentina.

2. _____ es el ex-presidente de Costa Rica que ganó el Premio Nóbel de la Paz.

Nombre _____ Fecha _____ Sección _____

CAPÍTULO 11
Prueba B

I. Usted va a escuchar primero un párrafo sobre Costa Rica y después cinco comentarios sobre el párrafo. Marque *V* (verdadero) o *F* (falso) según corresponda.

1. V / F   2. V / F   3. V / F   4. V / F   5. V / F

II. Conteste las siguientes preguntas con frases completas en español. Use el imperfecto.

1. ¿Dónde vivías cuando eras niño(-a)?
   _____

2. ¿Qué hacía tu padre? _____

3. ¿Qué te gustaba hacer de niño(-a)?
   _____

4. ¿Qué querías ser de niño(-a)?
   _____

5. ¿Adónde iba tu familia de vacaciones?
   _____

6. ¿Qué comías todos los días? _____

III. Cambie los verbos del presente al imperfecto o al pretérito, según sea necesario. Escríbalos en los espacios en blanco.

Todos los días mi padre (1) <u>prende</u> el televisor a las siete de la noche. El siempre (2) <u>escucha</u> el noticiero. Una mañana papá (3) <u>se enferma</u> y (4) <u>tiene</u> que quedarse en cama. Esa noche él no (5) <u>escucha</u> las noticias porque a las siete ya (6) <u>duerme</u> profundamente. Pero mamá y yo (7) <u>miramos</u> una película muy interesante.

1. _____
2. _____
3. _____
4. _____
5. _____
6. _____
7. _____

IV. Llene los espacios con el pronombre relativo *que* o *quien*, según sea necesario.

1. La ciudad _____ quiero visitar es Managua.

2. Manuel Faz es la persona _____ organiza la manifestación.

3. La senadora de _____ te hablé ayer está en la reunión.

4. El artículo _____ leí en esa revista es muy interesante.

5. Los jóvenes con _____ yo estudio son muy amables.

V. ¿Qué pasó hoy? Escriba dos oraciones cortas describiendo la situación o problemas de cada ciudad.

Ciudad: Morelos

_____
_____
_____

Ciudad: Rosario

_____
_____
_____

Ciudad: Manzanares

_____
_____
_____

¡PUNTOS EXTRAS! Fill in the spaces with the appropriate information.

1. La moneda de Guatemala se llama _____.

2. Óscar Arias ganó el Premio Nóbel de la Paz porque _____
_____.

Nombre _____ Fecha _____ Sección _____

CAPÍTULO 12
Prueba A

I. Su instructor(a) le va a hacer cinco preguntas. Contéstelas con frases completas en español.

1. _____
2. _____
3. _____
4. _____
5. _____

II. Usted acaba de regresar de un viaje a México. Escriba una lista de los recuerdos que trajo. Use el participio pasado como adjetivo de los verbos entre paréntesis, según sea apropiado.

1. (hacer)   un sombrero _____ de henequén

2. (pintar)   varias cerámicas _____ a mano

3. (sacar)   muchas fotografías _____ en Cozumel

4. (escribir) libros antiguos _____ en español

III. Complete las oraciones. Para cada espacio, escoja el verbo más apropiado y úselo en el presente perfecto.

leer / ver   1. Yo _____ una película de terror.

comprar / decir   2. Mamá _____ un vestido rojo.

cerrar / hacer   3. Los niños _____ la ventana.

viajar / pasear   4. Mis abuelos _____ por el parque.

dar / revisar   5. El agente de aduana _____ el equipaje.

IV. Leila siempre le cuenta sus planes a Marisa. Haga el papel de Marisa y cuente qué hizo Leila. Cambie las frases de Leila al pasado correspondiente, empezando cada oración con: Leila ...

1. He salido de compras. _____

2. Como con Ana hoy. _____

Copyright © 1993 by Holt, Rinehart and Winston, Inc. All rights reserved.

3. Veo a Tony en clase. _____

4. Siempre voy al mercado para comprar frutas. _____

_____

V. Conteste las preguntas con oraciones completas en español. Use *hace + una expresión de tiempo* en cada una de sus respuestas.

1. ¿Cuánto tiempo hace que estudia español?

_____

2. ¿Cuántos meses hace que conoce a su profesor(a)?

_____

3. ¿Cuántas semanas hace que comenzó el semestre (trimestre)?

_____

4. ¿Cuánto tiempo hace que usted vino a la universidad?

_____

VI. Explique qué cosas no había hecho antes del verano pasado. Complete las oraciones con el pluscuamperfecto (pasado perfecto) de los verbos entre paréntesis.

1. Alicia y Jorge no _____ (viajar) por tren.

2. Mi hermana y yo no _____

   (quedarse) en una pensión en México.

3. Yo no _____ (ver) las pirámides mayas.

4. La tía Amelia nunca _____ (bailar) el tango.

5. Tú no _____ (leer) autores franceses.

¡PUNTOS EXTRAS! Fill in the spaces with the appropriate information.

1. Los mayas vivieron en la Península de _____.

2. Una ciudad maya abandonada misteriosamente es

_____.

Nombre _____ Fecha _____ Sección _____

CAPÍTULO 12
Prueba B

I. Usted va a escuchar primero un párrafo sobre un viaje a México y después cinco comentarios sobre el párrafo. Marque *V* (verdadero) o *F* (falso) según corresponda.

1. V / F   2. V / F   3. V / F   4. V / F   5. V / F

II. Haga el papel de Inés y dígale a su esposo que todo ya está listo para el viaje a Mérida. Use *estar* + el participio pasado como adjetivo, según el modelo.

MODELO: ¿Pagaste los boletos?   *Sí, ya están pagados.*

1. ¿Hiciste las reservaciones para el hotel?
   _____

2. ¿Pusiste el equipaje en el coche?
   _____

3. ¿Enviaste el fax a la oficina?
   _____

4. ¿Cerraste todas las ventanas?
   _____

III. Mire los dibujos y escriba oraciones indicando qué han hecho estas personas recientemente. Use el presente perfecto.

1.  2.  3.  4.

1. El hombre _____.

2. Los García _____.

3. Paco _____.

4. Marianela _____.

IV. Usted trabaja como traductor(a) de español. Marque con un círculo la traducción al español que mejor expresa la oración en inglés.

1. They used to have classes every day.

    a. Ellos tuvieron clases todos los días.
    b. Ellos han tenido clases todos los días.
    c. Ellos tenían clases todos los días.

2. The bus hasn't arrived yet.

    a. El autobús no llegó todavía.
    b. El autobús no ha llegado todavía.
    c. El autobús no había llegado todavía.

3. Juan always drank milk.

    a. Juan siempre había bebido leche.
    b. Juan siempre ha bebido leche.
    c. Juan siempre bebía leche.

V. Forme oraciones con los elementos dados. Use el pluscuamperfecto (pasado perfecto) y añada la información adicional necesaria.

1. El joven / no quedarse _____.

2. Mi amiga / tener _____.

3. Los turistas / ver _____.

4. Tú / perder _____.

VI. Conteste las preguntas usando la información entre paréntesis.

1. ¿Cuánto tiempo hace que desayunaste? (dos horas)

    _____

2. ¿Cuánto tiempo hace que empezó el examen? (20 minutos)

    _____

3. ¿Cuánto tiempo hace que tienes ese coche? (cinco meses)

    _____

¡PUNTOS EXTRAS! Fill in the spaces with the appropriate information.

1. En la Península de _____ vivieron los mayas.

2. México está dividido en _____.

Nombre _____ Fecha _____ Sección _____

CAPÍTULO 13
Prueba A

I. Su instructor(a) le va a hacer cinco preguntas. Contéstelas con frases completas en español.

1. _____
2. _____
3. _____
4. _____
5. _____

II. Adriana tiene seis boletos para un concierto de música rock. Complete las oraciones de Adriana con el presente de subjuntivo y añada la información adicional necesaria.

1. Tal vez mis amigos _____.
2. Quizás el cantante _____.
3. Ojalá la música _____.
4. Tal vez Rosa y José _____.

III. ¡La vida en el Teatro Nacional es muy difícil! Llene los espacios con la forma correcta del presente de subjuntivo de los verbos entre paréntesis.

1. El director manda que nosotros no _____ (pelear) durante la función.

2. El Sr. Valente prohíbe que tú le _____ (hablar) al compositor.

3. El director no quiere que otra bailarina _____ (bailar) por La Faraona.

4. Alicia me pide que _____ (leer) la obra de teatro.

5. La cantante prefiere que nadie la _____ (acompañar) al concierto.

IV. Los profesores quieren que sus estudiantes trabajen más. Para saber cómo, escriba frases completas usando el presente de subjuntivo.

1. la profesora / querer que / nosotros / sacar los cuadernos
   _____

2. ella / pedir que / Luis y Ana / escribir en la pizarra
   _____

3. el profesor / mandar que / Marlena / ir al laboratorio
   _____

4. él / preferir que / tú / leer la enciclopedia
   _____

V. Confirme o niegue las preguntas que siguen, según las indicaciones. Use la forma *nosotros* de mandato (*nosotros command form*) de los verbos subrayados. Use también pronombres objetos cuando sea posible.

1. ¿<u>Almorzamos</u> ahora? Sí, _____.

2. ¿<u>Tocamos</u> el violín aquí? No, _____.

3. ¿<u>Visitamos</u> el museo mañana? Sí, _____.

4. ¿<u>Salimos</u> temprano hoy? Sí, _____.

5. ¿<u>Asistimos</u> a la ópera? No, _____.

VI. Llene los espacios con la información apropiada.

1. Mi novela favorita es _____.

2. Yo leo el periódico _____.

3. Voy al teatro para _____.

4. Mi pintor favorito es _____.

¡PUNTOS EXTRAS! Fill in the spaces with the appropriate information.

1. El museo más conocido de España es _____.

2. El parque más grande de España es _____.

Nombre _____ Fecha _____ Sección _____

CAPÍTULO 13
Prueba B

I. Usted va a escuchar primero un párrafo sobre España y después cinco comentarios sobre el párrafo. Marque *V* (verdadero) o *F* (falso) según corresponda.

1. V / F   2. V / F   3. V / F   4. V / F   5. V / F

II. Mire los dibujos y complete las siguientes frases con el presente de subjuntivo y la información adicional necesaria.

1.    2.    3.    4.

1. Quizás el pintor _____.

2. Tal vez los bailarines _____.

3. Ojalá que yo _____.

4. Quizás Bernardo y Ana _____.

III. Lea las siguientes oraciones y marque con un círculo la forma correcta del verbo.

1. Mamá quiere que tía Gloria (come / coma) con nosotros.

2. El profesor manda que nosotros (leemos / leamos) el ensayo.

3. Mis padres quieren que yo (vivo / viva) en la universidad.

4. La señorita te prohíbe que (hablas / hables) en la galería.

5. Papá me pide que (llamo / llame) a los abuelos.

IV. Lea las siguientes oraciones y llene los espacios con la forma correcta del verbo apropiado. Use el subjuntivo.

1. Tal vez yo _____ con la orquesta sinfónica.
   (pintar / tocar)

2. Mamá nos prohíbe que _____ a ver esa película.
   (hacer / ir)

3. Mis tíos prefieren que sus hijos _____ francés.
   (poner / saber)

4. Te pido que tú _____ los boletos para la zarzuela.
   (venir / traer)

5. El doctor quiere que el enfermo _____ la siesta.
   (dormir / morir)

V. Sus amigos se quejan mucho. Sugiérales soluciones formando mandatos con la forma *nosotros.* Use los verbos entre paréntesis y añada la información adicional necesaria.

1. Necesitamos sacar buenas notas. (estudiar)
   _____

2. Estamos cansados. (dormir)
   _____

3. Tenemos mucha hambre. (comer)
   _____

4. Queremos bailar. (ir)
   _____

VI. Conteste las preguntas brevemente en español.

1. ¿Cuál es su autor(a) favorito(-a)? ¿Por qué? _____
   _____

2. ¿Cuál es su libro favorito? _____
   _____

3. ¿Prefiere el cine o el teatro? ¿Por qué? _____
   _____.

¡PUNTOS EXTRAS! Fill in the spaces with the appropriate information.

1. El Museo del Prado tiene cuadros de pintores clásicos españoles como:
   _____.

2. La zarzuela es un tipo de _____.

Nombre _____ Fecha _____ Sección _____

CAPÍTULO 14
Prueba A

I   Su instructor(a) le va a hacer cinco preguntas. Contéstelas brevemente en español.

1. _____
2. _____
3. _____
4. _____
5. _____

II. Forme oraciones usando los elementos dados y el presente de subjuntivo. Añada la información necesaria.

1. tía Rosa / preferir / tú / no jugar / con la piñata

   _____

2. nosotros / dudar / papá / traerle / flores a mamá

   _____

3. yo / alegrarse / ustedes / celebrar / Día de Reyes

   _____

4. abuela / aconsejarte / no comer / todo el pavo

   _____

III. Lea las siguientes oraciones y marque con un círculo la preposición correcta.

1. Voy a la farmacia (por / para) aspirinas.

2. Cuando Elena está enferma, Gloria trabaja (por / para) ella.

3. Vamos de vacaciones (por / para) dos semanas.

4. Viajamos a Taxco (por / para) comprar objetos de plata.

5. (Por / Para) la tarde asistimos a una exposición.

IV. Complete, de forma lógica, las frases de la columna A con la información de la columna B. Llene cada espacio con la letra correspondiente.

　　　　　　　　　　A　　　　　　　　　　　　　　　　　　*B*

1. _____ Es probable que Felicia...　　　　a. te pongas el vestido rojo.

2. _____ Es cierto que Alejandro...　　　　b. van a bailar esta noche.

3. _____ Dudo que ustedes...　　　　　　c. viene a visitarnos.

4. _____ Creo que Julieta y Gina...　　　　d. cante en la fiesta.

5. _____ Insisto en que tú...　　　　　　　e. traigan la piñata.

V. Cambie los siguientes adjetivos a adverbios usando *-mente*.

1. generoso _____　　3. cortés _____

2. amable _____　　4. inmediato _____

VI. Conteste brevemente las preguntas en español.

1. ¿Cuál es su día de fiesta favorito? ¿Por qué?

   _____

   _____

2. En general, ¿cómo celebra su cumpleaños?

   _____

3. ¿Cuándo y a quién(es) envía tarjetas?

   _____

4. El Día de Acción de Gracias, ¿qué come su familia?

   _____

¡PUNTOS EXTRAS! Fill in the spaces with the appropriate information.

1. _____ es un centro ceremonial religioso prehispánico de Puebla.

2. Un puerto mexicano muy famoso por sus playas es _____.

Nombre _____ Fecha _____ Sección _____

CAPÍTULO 14
Prueba B

I. Su instructor(a) va a leer un párrafo sobre algunas fiestas hispánicas. Después va a leer cinco frases incompletas. Complételas marcando con un círculo las palabras o frases finales más apropiadas.

1. una misa / una cena / las Posadas

2. fiestas / misa / casa

3. piñata / zapatos / nacimiento (*nativity scene*)

4. en la ventana / debajo de la cama / debajo del árbol

5. Santa Claus / los padres / los tres Reyes Magos

II. Describa lo que pasa en los siguientes dibujos. Use el subjuntivo y añada la información adicional necesaria.

1.  2.  3.

1. Roberto _____.

2. La madre _____.

3. Pedro _____.

III. Conteste las preguntas empezando con las frases entre paréntesis.

1. ¿Ellos reciben muchos regalos? (Es posible...)

   _____

2. ¿Mario le da tarjetas y flores a su mamá? (No creo...)

   _____

3. ¿Ustedes ponen un árbol de Navidad? (Es probable...)

   _____

4. ¿Alicia manda muchas tarjetas? (Dudo...)

   _____

5. ¿Invito a unos amigos a cenar? (Insisto en...)

   _____

IV. Describa los dibujos que siguen. Use *por* o *para* según sea necesario.

   1.   2.   3.

1. _____
2. _____
3. _____

V. Llene los espacios con los adverbios correspondientes a los adjetivos entre paréntesis.

1. Yo hago ejercicios _____ (diario).
2. Me gusta el Día de Navidad _____ (especial).
3. La tía nos recibió _____ (alegre).
4. Pasamos las vacaciones _____ (estupendo).
5. Hablamos _____ (personal) con el presidente.

¡PUNTOS EXTRAS! Fill in the spaces with the appropriate information.

1. Taxco tiene fama por su industria de la _____.
2. Un puerto mexicano muy famoso por sus playas es _____.

Nombre _____ Fecha _____ Sección _____

CAPÍTULO 15
Prueba A

I. Su instructor(a) le va a hacer cinco preguntas. Contéstelas con frases completas en español.

1. _____
2. _____
3. _____
4. _____
5. _____

II. Complete el diálogo que sigue con el futuro de los verbos entre paréntesis.

EVA: El próximo semestre Ed y yo _____ (ir) a Cádiz.

ANA: ¿De verdad? ¿Qué _____ (hacer) ustedes allí?

EVA: Yo _____ (estudiar) español y Ed _____ (seguir) varios cursos de historia del arte.

ANA: ¿Tú _____ (poder) visitar otras ciudades?

EVA: Sí, Ed y yo _____ (visitar) Jaén, Sevilla y la casa de Lorca en Granada...

ANA: ¡Qué interesante!

III. Conteste las siguientes preguntas con frases completas en español. Use el condicional.

1. ¿Dónde te gustaría vivir? ¿Por qué? _____

_____

2. ¿Qué harían tus padres con 55.000 dólares? _____

_____

3. ¿Qué podrían hacer tú y tus amigos en Andalucía? _____

_____

Copyright © 1993 by Holt, Rinehart and Winston, Inc. All rights reserved.

4. ¿Qué persona famosa te gustaría conocer? ¿Por qué? _____
_____

IV. Complete las oraciones llenando los espacios con la forma correcta del adjetivo posesivo enfático.

1. Ésta es tu falda y este abrigo es _____ también.

2. Ésta es su oficina y esa computadora es _____ también.

3. Éste es mi cuaderno y aquellos libros son _____ también.

V. Complete el siguiente párrafo llenando los espacios con la forma correcta (presente o pretérito) de los verbos entre paréntesis. Use el recíproco.

El mes pasado Luis y Rosa _____ (conocer) en el cine. Ayer ellos _____ (ver) por la tarde. Creo que ellos _____ (llevar) muy bien; todas las noches _____ (hablar) por teléfono. Me parece que Elena y Alberto _____ (querer) mucho.

VI. Conteste las siguientes preguntas con frases completas en español.

1. ¿Cómo te llevas con tu compañero(-a) de cuarto?
_____

2. ¿Tienes celos de tu novio(-a)? ¿Por qué?
_____

3. ¿Generalmente qué hacen los novios?
_____

¡PUNTOS EXTRAS! Complete las frases con la información apropiada.

1. _____ es la región más grande y poblada de España.

2. España fue invadida por los _____ en el año 711 d.C.

Nombre _____ Fecha _____ Sección _____

CAPÍTULO 15
Prueba B

I. Usted va a escuchar primero un párrafo sobre algunos poetas españoles y después cinco comentarios sobre el párrafo. Marque *V* (verdadero) o *F* (falso) según corresponda.

1. V / F   2. V / F   3. V / F   4. V / F   5. V / F

II. La vida en la tierra será muy diferente en el año 2334. Forme oraciones usando el futuro. Añada cualquier otra información que sea necesaria.

1. (descubrir) Los científicos _____.

2. (vestir) Nosotros _____.

3. (haber) No _____.

4. (poder) Tú _____.

5. (viajar) Yo _____.

III. Mire los siguientes dibujos y forme oraciones completas usando el condicional.

1.    2.    3.

1. El camarero _____.

2. Los novios _____.

3. Amalia _____.

IV. Conteste las siguientes preguntas usando los adjetivos posesivos enfáticos.

1. ¿Son tuyas estas maletas?

   Sí, _____.

2. ¿Son de Amanda estos cuadros?

   No, _____.

3. ¿Es de mamá este anillo de oro?

   Sí, _____.

4. ¿Es tuya esta cámara?

   No, _____.

V. Conteste las siguientes preguntas con frases completas en español. Use el recíproco.

1. ¿Cuándo se ven tú y tu novio(-a)?

   _____.

2. Generalmente, ¿cómo se saludan los amigos?

   _____.

3. ¿Se comunican bien tú y tus profesores?

   _____.

4. ¿Cómo se llevan tus padres?

   _____.

VI. Complete las siguientes oraciones marcando con un círculo la palabra apropiada.

1. Roberto le dio un (anillo / beso) de diamantes a su novia.

2. La pareja se va a casar en una (cita / sinagoga).

3. Los novios forman una (boda / pareja) muy bonita.

4. Antes de casarse, Enrique y Marisa deben (abrazarse / salir juntos) muchas veces para conocerse mejor.

¡PUNTOS EXTRAS! Llene los espacios con la informacioón apropiada.

1. _____ es un poeta famoso de Granada.

2. Sevilla y Granada son parte de la región de _____.

Nombre _____ Fecha _____ Sección _____

CAPÍTULO 16
Prueba A

I. Su instructor(a) le va a hacer cinco preguntas. Contéstelas con frases completas en español.

1. _____
2. _____
3. _____
4. _____
5. _____

II. Complete las frases que siguen añadiendo la información apropiada. Tenga cuidado con el uso del indicativo y del subjuntivo.

1. Quiero comer en el restaurante que _____.
2. En esta clase no hay nadie que _____.
3. Buscan a los profesores que _____.
4. Prefiero vivir en una casa que _____.
5. Sabemos que tú _____.

III. Complete las siguientes oraciones llenando los espacios con la forma correcta del verbo entre paréntesis. Tenga cuidado con el uso del indicativo y del subjuntivo.

1. Papá siempre se pone contento cuando _____ (recibir) cartas de Pepito.

2. Nosotros iremos a Granada tan pronto como _____ (tener) vacaciones.

3. Yo voy al baile con tal que tú _____ (venir) conmigo.

4. El niño come dulces sin que sus padres lo _____ (saber).

5. Inés cocina mientras Luis _____ (preparar) la mesa.

IV. Complete el siguiente diálogo llenando los espacios con la forma correcta de las expresiones que siguen:

    acabar de invitar   tener que comprar   haber que ir   al recibir

ADA: ¿Vas al baile esta noche?

ISA: Sí, (yo) _____ a Pablo.

Él se sorprendió mucho _____ mi invitación...

ADA: ¿Realmente...? Entonces, ¿quieres ir de compras?

ISA: Sí, _____ un vestido elegante y

zapatos negros. Además, no olvides que ¡_____

a la peluquería...!

V. Complete las frases que siguen añadiendo la información apropiada.

1. Una persona que gana la lotería se siente _____.

2. Magdalena está llorando; creo que está _____.

3. ¿Dónde están mis amigos? Los espero hace una hora. Estoy un poco

_____.

4. Estoy muy _____ de ti. ¡Quiero casarme contigo!

5. El jefe tiene fiebre y dolor de cabeza. El está _____.

¡PUNTOS EXTRAS! Complete las oraciones con la información apropiada.

1. _____ es la capital de Paraguay.

2. En Paraguay se habla _____ y _____.

Nombre _____ Fecha _____ Sección _____

CAPÍTULO 16
Prueba B

I. Su instructor(a) va a leer un párrafo sobre Arturo y Mariela. Después va a leer cinco frases incompletas. Complételas marcando con un círculo las palabras o frases más apropiadas.

1. feliz / enojado / avergonzado

2. peor / mayor / mejor

3. frustrada / avergonzada / deprimida

4. abraza / sale / ríe

5. una boda / una cita / un partido

II. Complete las oraciones marcando con un círculo la forma correcta del verbo entre paréntesis. Tenga cuidado con el uso del indicativo y del subjuntivo.

1. Tenemos una casa que (es / sea) demasiado pequeña.

2. Necesito una persona que (puede / pueda) enseñar guaraní.

3. Conozco a un hombre que (construye / construya) represas.

4. ¿Hay alguien que (quiere / quiera) visitar Caacupé?

5. Tengo unos amigos que siempre (lloran / lloren) cuando ven películas románticas.

III. Complete las frases que siguen añadiendo la información adicional necesaria. Tenga cuidado con el uso del indicativo y del subjuntivo.

1. Generalmente escucho música mientras _____
_____.

2. Tus padres se alegran cuando tú _____.

3. Nosotras estudiamos hasta que _____.

4. Nicolás trabajará toda la tarde a menos que ustedes _____
_____.

5. Mi hermano compra los regalos sin que mamá lo _____.

IV. Conteste las siguientes preguntas marcando con un círculo la letra de la respuesta más apropiada.

1. ¿Irás a la fiesta?
   a. Sí, acabo de volver a casa.
   b. No, tengo que trabajar.
   c. Sí, puedo bailar.

2. ¿Supiste la noticia?
   a. No tuve tiempo de estudiar.
   b. Estaba cantando.
   c. Acabo de escucharla por radio.

3. ¿Llamarás a Elena?
   a. Sí, la llamé anoche.
   b. Sí, voy a llamarla al llegar a casa.
   c. Sí, voy a cantarle esta noche.

V. ¿Cómo se siente Nacho? ¿Cómo está él? Mire los dibujos que siguen y forme oraciones que describan a Nacho. Añada la información adicional apropiada.

1. _____
2. _____
3. _____
4. _____

¡PUNTOS EXTRAS! Complete las oraciones con la información apropiada.

1. _____ es la unidad monetaria de Paraguay.

2. El río _____ divide el país en dos regiones naturales.

Nombre _____ Fecha _____ Sección _____

CAPÍTULO 17
Prueba A

I. Su instructor(a) le va a hacer cinco preguntas. Contéstelas con frases completas en español.

1. _____
2. _____
3. _____
4. _____
5. _____

II. Los padres de Diego están preocupados porque él se fue a vivir solo a Caracas. Complete las frases que siguen para reconstruir los consejos de ellos. Use el imperfecto del subjuntivo y añada la información adicional necesaria.

1. (levantarse)   Le aconsejaron que _____.

2. (fumar)   No querían que Diego _____.

3. (salir)   Le pidieron que no _____.

4. (ir)   No les gustaba que _____.

5. (trabajar)   Le recomendaron que _____.

III. Complete de manera lógica las frases (cláusulas con "si") que siguen.

1. Si mañana fuera mi cumpleaños, _____.

2. Si Antonia estuviera en Caracas, _____.

3. Si tú ves a tus amigos, _____.

4. Si nosotros tenemos sed, _____.

5. Si ustedes tuvieran 15.000 dólares, _____.

IV. Lea las frases que siguen y marque con un círculo la conjunción correcta.

1. padres (y / e) hijos   4. ayer (o / u) hoy

2. francés (y / e) italiano   5. blanco (o / u) rojo

3. primavera (o / u) otoño   6. nieve (y / e) hielo

V. Desde un helicóptero todo parece muy pequeño. Complete las oraciones usando la forma diminutiva de las palabras entre paréntesis.

1. Hay muchas _____ (casas) en el centro.

2. Unos _____ (niños) juegan con un _____ (perro) en un _____ (parque).

3. Unas _____ (jóvenes) leen algo, tal vez _____ (cartas) de amor...

4. Los _____ (autos) parecen hormigas (*ants*) en las _____ (calles).

VI. Conteste las siguientes preguntas con oraciones completas en español.

1. ¿Qué compra usted en una panadería?
   _____

2. ¿Adónde va usted si necesita comprar un sofá y sillas?
   _____

3. En nuestra sociedad, ¿qué cosa(s) cuesta(n) demasiado?
   _____

4. ¿Qué puede hacer uno en un banco?
   _____

¡PUNTOS EXTRAS! Complete las oraciones con la información apropiada.

1. _____ es la capital de Venezuela.

2. En Venezuela, la industria principal es el _____.

Nombre _____ Fecha _____ Sección _____

CAPÍTULO 17
Prueba B

I. Usted va a escuchar un párrafo sobre Venezuela y después cinco comentarios sobre el párrafo. Marque con un círculo V (verdadero) o F (falso), según corresponda.

1. V / F   2. V / F   3. V / F   4. V / F   5. V / F

II. Complete de manera lógica las frases que siguen usando el imperfecto del subjuntivo.

1. La familia buscaba una casa que _____.

2. Tú querías que tus amigos _____.

3. El doctor le recomendó al paciente que _____.

4. Sofía le pidió al vendedor que _____.

5. Mamá nos aconsejó que no _____.

III. Conteste las siguientes preguntas con oraciones completas en español. Tenga cuidado con las cláusulas con "si."

1. ¿Qué haría si no tuviera dinero?
   _____

2. ¿Qué hará si no tiene clases mañana?
   _____

3. ¿Qué haría si fuera presidente de este país?
   _____

4. ¿Qué hace si está muy enfermo?
   _____

IV. Complete las siguientes frases marcando con un círculo la conjunción correcta para cada frase.

1. Fernando (y / e) Isabel   4. Victoria (o / u) Octavio

2. verde (o / u) rojo   5. primavera (y / e) invierno

3. flores (y / e) hierba   6. Orfeo (o / u) Ulises

V. Mire los dibujos que siguen y escriba oraciones describiéndolos brevemente. Use por lo menos una forma diminutiva en cada oración.

MODELO:  *Anita le escribió una cartita a su mamita.*

1.
2.
3.

1. _____
2. _____
3. _____

VI. Composición. Escriba un párrafo de seis oraciones describiendo su vida como millonario(-a). Use el condicional.

Si yo fuera millonario(-a)... _____

_____

_____

_____

_____

_____

¡PUNTOS EXTRAS! Complete las oraciones con la información apropiada.

1. _____ es la unidad monetaria de Venezuela.

2. Por sus playas, la isla _____ es la mayor atracción turística de Venezuela.

Nombre _____ Fecha _____ Sección _____

CAPÍTULO 18
Prueba A

I. Su instructor(a) le va a hacer cinco preguntas. Contéstelas con frases completas en español.

1. _____
2. _____
3. _____
4. _____
5. _____

II. ¿Qué están haciendo...? Llene los siguientes espacios con el presente progresivo de verbos apropiados para completar las frases de manera lógica.

1. Mis amigas _____ en la playa.
2. Cristóbal _____ en la biblioteca.
3. Rosa y su novio _____ en el restaurante.
4. Tú _____ en el gimnasio.
5. Nosotras _____ en la tienda.

III. ¿Ya se hizo? Escriba preguntas lógicas usando el "se" impersonal y los elementos indicados abajo. Siga el modelo.

    MODELO: ¿ya / servir / las bebidas?   *¿Ya se sirvieron las bebidas?*

1. ¿ya / reparar / la computadora? _____
2. ¿ya / pintar / los cuadros? _____
3. ¿ya / traducir / el documento? _____
4. ¿ya / cerrar / las tiendas? _____

IV. Conteste las siguientes preguntas usando los adjetivos como sustantivos.

1. ¿Prefiere el color rojo o el color azul? ¿Por qué?

_____

Copyright © 1993 by Holt, Rinehart and Winston, Inc. All rights reserved.

2. ¿Escribe con la mano derecha o con la mano izquierda?

   _____

3. ¿Escucha más la música clásica o la música rock? ¿Por qué?

   _____

4. ¿Le gustan más las películas cómicas o las películas de terror?

   _____

V. ¿Qué habrá ocurrido para el año 2046? Complete cada una de las frases de la columna izquierda con la información apropiada de la columna derecha. Escriba las letras correspondientes en los espacios indicados.

_____ 1.	Los científicos habrán descubierto...	a.	setenta años
_____ 2.	Muchas personas habrán muerto de...	b.	una presidenta
_____ 3.	Ernesto habrá cumplido...	c.	sus bodas de oro
_____ 4.	Los Estados Unidos habrá tenido...	d.	otros planetas
_____ 5.	Lourdes y Daniel habrán celebrado...	e.	por todo el mundo
_____ 6.	Yo habré viajado...	f.	hambre

¡PUNTOS EXTRAS! Complete las oraciones con la información apropiada.

1. _____ es la selva peruana.

2. En Perú se hablan español y _____.

Nombre _____ Fecha _____ Sección _____

CAPÍTULO 18
Prueba B

I. Su instructor(a) le va a leer definiciones de distintos oficios y profesiones. Marque con un círculo las palabras correspondientes a las definiciones que escucha.

1. un cura / un peluquero / un abogado

2. bomberos / consejeros / jardineros

3. la música / la cantante / el ama de casa

4. ingeniera / comerciante / agente de viajes

5. camareras / médicas / programadoras de computadoras

II. ¿Qué están haciendo estas personas? Mire los dibujos y complete de forma lógica las frases que siguen. Use el presente progresivo en sus descripciones.

1.
2.
3.

1. El policía _____.

2. La camarera _____.

3. Los jóvenes _____.

III. Conteste las siguientes preguntas usando frases completas en español.

1. ¿Qué lenguas se enseñan en su universidad?
   _____

2. ¿Se le perdió algo recientemente?
   _____

3. ¿Se come bien o mal en la cafetería de su universidad?
   _____

4. ¿Cómo se vive en las residencias (*dorms*) de su universidad?

   _____

5. ¿Dónde se compran los libros de texto?

   _____

IV. Complete las frases llenando los espacios con adjetivos usados como sustantivos.

   MODELO: *Voy a comprar la camisa blanca y la azul.*

1. Me gustan los dos: el vestido rojo y _____.

2. Veo tanto los programas interesantes como _____.

3. Me gustan las dos: la comida mexicana y _____.

4. Nos gusta ir de compras tanto a las tiendas grandes como a _____.

V. ¿Qué cambios habrán ocurrido en su vida personal para el año 2012? Escriba una composición de 6-8 oraciones describiendo los cambios probables. Mencione su trabajo, familia, etc.

Para el año 2012 me habré graduado de _____

_____

_____

_____

_____

_____

_____

_____

¡PUNTOS EXTRAS! Complete las oraciones con la información apropiada.

1. _____ es la capital de Perú.

2. Las montañas que cruzan Perú se conocen como _____.

CAPÍTULO SUPLEMENTARIO 1
Prueba A

I. Su instructor(a) le va a hacer cuatro preguntas. Contéstelas con frases completas en español.

1. _____
2. _____
3. _____
4. _____

II. Complete las oraciones que siguen con los artículos definidos correspondientes, sólo si son necesarios. Forme las contracciones (*al, del*) apropiadas.

1. Me duele _____ cabeza cuando estudio _____ japonés. ¡Es muy difícil!

2. Ese vino tinto cuesta 5.600 pesos _____ litro.

3. Generalmente vamos a esquiar una vez _____ mes.

4. Mamá va a limpiar _____ sala, _____ comedor y _____ baño _____ apartamento antes de que lleguen los invitados.

III. Forme oraciones con los elementos que siguen. Añada los artículos indefinidos apropiados (sólo cuando sean necesarios) y haga todos los cambios necesarios.

1. Amy / ser / cantante / famoso

   _____

2. Nosotros / ser / candidato / demócrata

   _____

3. Tú / vender / alfombras / típico / del Ecuador

   _____

4. Yo / necesitar / otro / cómoda / en el dormitorio

   _____

IV. Conteste las preguntas con frases completas en español.

1. ¿Qué es lo más interesante de la vida universitaria?

   _____

2. ¿Qué es lo que menos le gusta de la ciudad donde vive?

   _____

3. ¿Qué es lo mejor de vivir en el campo?

   _____

V. Cambie las oraciones que siguen a la voz pasiva.

1. Beto y Juan pintaron la casa.

   _____

2. El hombre repara el horno.

   _____

VI. ¿Qué hace uno en diferentes partes de la casa? Escriba oraciones cortas diciendo qué hace usted en cada uno de los cuartos indicados.

   MODELO: ¿En el baño?   *Me lavo las manos.*

1. ¿En el comedor? _____
2. ¿En el dormitorio? _____
3. ¿En la cocina? _____

¡PUNTOS EXTRAS! Complete las frases con la información apropiada.

1. _____ es la unidad monetaria de Ecuador.

2. Charles Darwin investigó sobre la evolución de las especies en las islas ecuatorianas

   conocidas como _____.

Nombre _____ Fecha _____ Sección _____

CAPÍTULO SUPLEMENTARIO 1
Prueba B

I. Su instructor(a) va a leer un párrafo sobre las casas del futuro. Después va a leer unas frases incompletas. Complételas marcando con un círculo las palabras más apropiadas.

1. papel / plástico / madera

2. cocinas / dormitorios / salas

3. mesas / camas / sillones

4. jardín / garaje / congelador

II. Mi hermano el doctor. Complete el párrafo que sigue con los artículos definidos correspondientes, sólo si son necesarios. Forme las contracciones (*al, del*) apropiadas.

Mi hermano visita el barrio latino una vez _____ mes. Allí él habla con

_____ mujeres, _____ ancianos y _____ niños que

están enfermos. Después de ver a sus pacientes, Pablo se lava _____

manos. El también les enseña _____ inglés y matemáticas. El gana 2.300

dólares _____ mes.

III. Complete el siguiente párrafo usando los artículos indefinidos apropiados, cuando sean necesarios.

Miguel es _____ ingeniero muy famoso de Quito. Su esposa trabaja de

_____ agente de viajes en _____ otra ciudad. Elena también

es _____ atleta profesional. ¡Qué _____ pareja tan simpática!

IV. Escriba oraciones cortas diciendo lo bueno o lo malo de las siguientes cosas.

MODELO: ¿de la primavera?   *Lo bueno de la primavera son las flores.*

1. ¿de la playa? _____

2. ¿del invierno? _____

3. ¿de la universidad? _____

V. Complete las frases que siguen marcando con un círculo la letra de la forma verbal correcta que corresponde a la voz pasiva.

1. La casa _____ por mi tío.

   a. estuvo pintada   b. pintó   c. fue pintada

2. Los documentos _____ por la secretaria.

   a. están leídos   b. leyeron   c. fueron leídos

VI. ¿En dónde van estos muebles? Mire los dibujos que siguen y escriba oraciones completas diciendo en qué parte de la casa van cada uno de ellos.

MODELO:

El televisor va en la sala.

1.
2.
3.

1. _____
2. _____
3. _____

¡PUNTOS EXTRAS! Complete las oraciones con la información apropiada.

1. _____ es la capital de Ecuador.

2. El Archipiélago de Colón se conoce hoy día como _____.

Nombre _____ Fecha _____ Sección _____

CAPÍTULO SUPLEMENTARIO 2
Prueba A

I. Su instructor(a) le va a hacer cinco preguntas. Contéstelas con frases completas en español.

1. _____
2. _____
3. _____
4. _____
5. _____

II. Lea las oraciones que siguen. Complete las frases marcando con un círculo la letra de la forma correcta del verbo.

1. Juan y Sonia sacaron A en la clase de biología.

    Me alegro de que ellos _____ una buena nota.

    a. saquen   b. sacaban   c. hayan sacado

2. Marta estuvo enferma la semana pasada.

    Siento que ella no _____ trabajar.

    a. puede   b. pueda   c. haya podido

3. Nosotros fuimos a un baile de fin de año.

    ¡Era increíble que _____ hasta tan tarde!

    a. hayamos bailado   b. hubiéramos bailado   c. bailemos

4. Tú viviste mucho tiempo en Ecuador.

    Jenny dudaba que no _____ las Islas Galápagos.

    a. hubieras visitado   b. visites   c. hayas visitado

III. Complete de forma lógica las frases de la columna A con las de la columna B. Escriba la letra apropiada de la columna B en los espacios correspondientes de la columna A.

	A		B
1.	_____ Dudaban que Tony...	a.	iría a esquiar.
2.	_____ Tememos que tú...	b.	son abogados.
3.	_____ Es verdad que Ana...	c.	te hayas roto la pierna
4.	_____ Si tuviera tiempo...	d.	trabajara esta noche.
5.	_____ Saben que ustedes...	e.	leyéramos el periódico.
6.	_____ Nos recomendó que...	f.	tiene muchas amigas.

IV. Las siguientes preguntas están dirigidas a usted. Contéstelas con frases completas en español.

1. ¿Cuándo se pone contento(-a)?

   _____

2. ¿Qué llegará a ser en el futuro?

   _____

3. ¿Cuándo se cansa mucho?

   _____

4. ¿Qué hace cuando su mejor amigo(-a) se pone triste?

   _____

¡PUNTOS EXTRAS! Complete las oraciones con la información apropiada.

1. La primera universidad de América se fundó en _____

   (lugar o país) en el año _____.

2. Dos países hispanohablantes del Caribe son _____

   y _____.

Nombre _____ Fecha _____ Sección _____

CAPÍTULO SUPLEMENTARIO 2
Prueba B

I. Usted va a escuchar primero un párrafo sobre Cuba y después cinco comentarios sobre el párrafo. Marque *V* (verdadero) o *F* (falso) según corresponda.

1. V / F   2. V / F   3. V / F   4. V / F   5. V / F

II. Mire los dibujos y complete las frases marcando con un círculo la forma verbal correcta.

MODELO:

Es posible que Alberto...

a. se gradúe en dos años.
b. se haya graduado de abogado.
c. se hubiera graduado este semestre.

1.    2.    3.

1. Marcos habría ido al concierto si...

   a. tuviera el boleto de entrada.
   b. hubiera tenido un traje.
   c. haya ido con otros amigos.

2. Era increíble que mi hermana no...

   a. aceptó el regalo de Juan.
   b. haya aceptado el anillo.
   c. hubiera aceptado el anillo de diamantes.

3. Es una lástima que tú...

   a. sacaras malas notas.
   b. hayas sacado F en el examen.
   c. hubieras sacado F en la clase de historia.

III. Lea las oraciones que siguen y marque con un círculo la forma correcta de los verbos entre paréntesis.

1. Es posible que Luis (se muda / se mude / se mudara) a Florida.

2. Quería que nosotros (hacemos / hagamos / hiciéramos) la torta.

3. Si yo lo hubiera estudiado, lo (sepa / habría sabido / supiera).

4. Es cierto que Alicia y Carla (van / vayan / irían) a visitarnos.

5. Era una lástima que ellos (estén / estaban / estuvieran) enfermos.

6. Dudo que la película (empieza / empiece / empezara) a tiempo.

IV. Lea las oraciones que siguen y llene los espacios con la forma correcta (presente o pretérito) de uno de los verbos indicados abajo.

    hacerse   llegar a ser   ponerse   volverse

1. Yo _____ muy nervioso cuando voy al dentista.

2. John Kennedy _____ un presidente muy popular.

3. Esa cantante _____ famosa después de su accidente.

4. Pobrecito, creo que ese hombre _____ loco.

¡PUNTOS EXTRAS! Complete las oraciones con la información apropiada.

1. Ecuador está al norte de _____ y al sur de _____.

2. La línea del _____ divide al hemisferio en norte y sur.

Nombre _____ Fecha _____ Sección _____

CAPÍTULO PRELIMINAR
Lectura A

Tarjeta postal. Jorge has written a postcard to his friend Luisa. Read the postcard and then answer the questions below in English.

¡Hola Luisa! ¿Cómo estás? Yo estoy muy mal. Mi clase de historia es (*is*) horrible. El profesor se llama Luigi Contini. Es italiano, de Roma. Pero mi clase de inglés es excelente. La profesora Allen es muy buena. Y ahora.... ¡al laboratorio para practicar (*to practice*) español!

                                                Adiós,

                                                Jorge

1. How does Jorge feel? Why?

   _____

   _____

2. Where is his history teacher from?

   _____

3. What class does Jorge enjoy?

   _____

4. Is Jorge's English teacher a man or a woman?

   _____

5. What does Jorge have to do now?

   _____

Copyright © 1993 by Holt, Rinehart and Winston, Inc. All rights reserved.

Nombre _____ Fecha _____ Sección _____

CAPÍTULO PRELIMINAR
Lectura B

Tarjeta postal. Jorge has written a postcard to his friend Luisa. Read the postcard and then answer the multiple choice questions below by circling the letter of the correct answer.

¡Hola Luisa! ¿Cómo estás? Yo estoy muy mal. Mi clase de historia es (*is*) horrible. El profesor se llama Luigi Contini. Es italiano, de Roma. Pero mi clase de inglés es excelente. La profesora Allen es muy buena. Y ahora.... ¡al laboratorio para practicar (*to practice*) español!

                                                                Adiós,

                                                                 Jorge

1. Jorge feels

   a. very well
   b. glad to meet Luisa
   c. very bad

2. Jorge's history teacher is from

   a. England
   b. Italy
   c. France

3. Jorge enjoys

   a. English
   b. History
   c. Italian

4. Jorge's English teacher is a

   a. man
   b. woman
   c. computer

5. Jorge has to

   a. go to English class
   b. talk to Prof. Luigi
   c. go to the language laboratory

Nombre _____ Fecha _____ Sección _____

CAPÍTULO 1
Lectura A

En Madrid, capital de España. Read the following passage about Madrid and then answer the questions below in English.

Muchos norteamericanos desean viajar a España y generalmente (*generally*) pasan tres o cuatro días en Madrid, la capital. En Madrid hay muchos museos y parques. Un museo de arte muy importante y famoso es el Museo del Prado. Allí hay cuadros (*paintings*) de muchos pintores clásicos: de El Greco, de Velázquez, de Goya... Al lado del Prado está el Casón del Buen Retiro donde (*where*) se exhibe "Guernica", el famoso cuadro de Picasso. Los turistas norteamericanos también visitan el Palacio de Oriente, antiguamente (*formerly*) la casa de los reyes (*kings and queens*) de España, y ahora museo y palacio para ocasiones formales.

1. How long does a typical North American tourist want to spend in Madrid?

   _____

2. Why is the Prado Museum so important?

   _____

   _____

3. What painting is exhibited in the *Casón del Buen Retiro*?

   _____

4. What was the *Palacio de Oriente* used for in the past?

   _____

5. How is it used today?

   _____

Copyright © 1993 by Holt, Rinehart and Winston, Inc. All rights reserved.

Nombre _____ Fecha _____ Sección _____

CAPÍTULO 1
Lectura B

En Madrid, capital de España. Read the following passage about Madrid and then answer the multiple choice questions below by circling the letter of the correct answer.

Muchos norteamericanos desean viajar a España y generalmente (*generally*) pasan tres o cuatro días en Madrid, la capital. En Madrid hay muchos museos y parques. Un museo de arte muy importante y famoso es el Museo del Prado. Allí hay cuadros (*paintings*) de muchos pintores clásicos: de El Greco, de Velázquez, de Goya... Al lado del Prado está el Casón del Buen Retiro donde (*where*) se exhibe "Guernica", el famoso cuadro de Picasso. Los turistas norteamericanos también visitan el Palacio de Oriente, antiguamente (*formerly*) la casa de los reyes (*kings and queens*) de España, y ahora museo y palacio para ocasiones formales.

1. A typical North American tourist stays in Madrid for

    a. a month
    b. a few days
    c. a couple of weeks

2. The Prado is a famous

    a. house
    b. museum
    c. park

3. At the *Casón del Buen Retiro* is exhibited

    a. Palacio de Oriente
    b. El Greco
    c. Guernica

4. In the past, the *Palacio de Oriente* was used as

    a. a museum
    b. the home of the kings and queens
    c. the home of Picasso

5. Which of the following is a classical Spanish painter?

    a. Picasso
    b. El Greco
    c. Guernica

Copyright © 1993 by Holt, Rinehart and Winston, Inc. All rights reserved.

Nombre _____ Fecha _____ Sección _____

CAPÍTULO 2
Lectura A

El París de Sudamérica. Read the following paragraph about Buenos Aires and then answer the questions below in English.

Para muchos, Buenos Aires es "el París de Sudamérica". ¿Por qué? Porque es una ciudad moderna y cosmopolita. La Calle Florida, por ejemplo, es muy popular entre los turistas porque allí hay muchas tiendas (*shops*) elegantes. En la Avenida Corrientes hay muchos teatros, restaurantes y cafés. Un teatro muy grande y famoso es el Teatro Colón. Los conciertos y óperas del Teatro Colón son muy populares. Buenos Aires también es una ciudad histórica. La Plaza de Mayo está en el centro de la ciudad y allí comenzó (*began*) el movimiento de independencia. En la Plaza de Mayo están la Catedral, de estilo colonial, y "La Casa Rosada", que es el palacio del Presidente de la República.

1. Why is Buenos Aires often compared to Paris?

   _____

   _____

2. Why do tourists like the *Calle Florida*?

   _____

3. What does the *Avenida Corrientes* have to offer?

   _____

4. What can you see at the *Teatro Colón*?

   _____

5. Why is the *Plaza de Mayo* important?

   _____

   _____

Nombre _____ Fecha _____ Sección _____

CAPÍTULO 2
Lectura B

El París de Sudamérica. Read the following paragraph about Buenos Aires and then answer the multiple choice questions below by circling the letter of the correct answer.

Para muchos, Buenos Aires es "el París de Sudamérica". ¿Por qué? Porque es una ciudad moderna y cosmopolita. La Calle Florida, por ejemplo, es muy popular entre los turistas porque allí hay muchas tiendas (*shops*) elegantes. En la Avenida Corrientes hay muchos teatros, restaurantes y cafés. Un teatro muy grande y famoso es el Teatro Colón. Los conciertos y óperas del Teatro Colón son muy populares. Buenos Aires también es una ciudad histórica. La Plaza de Mayo está en el centro de la ciudad y allí comenzó (*began*) el movimiento de independencia. En la Plaza de Mayo están la Catedral, de estilo colonial, y "La Casa Rosada", que es el palacio del Presidente de la República.

1. Buenos Aires is often compared to Paris because it is

    a. a cosmopolitan city
    b. Argentina's capital
    c. Argentina's biggest city

2. At the *Calle Florida*, tourists like

    a. the cafes
    b. the restaurants
    c. the shops

3. At the *Teatro Colón* you can see

    a. modern paintings
    b. concerts and operas
    c. a historical building

4. The *Plaza de Mayo* is important because

    a. it is colonial
    b. it is the home of the President
    c. the independence movement began there

5. The *Catedral* is

    a. a pink building
    b. a colonial building
    c. the independence building

Nombre _____ Fecha _____ Sección _____

CAPÍTULO 3
Lectura A

La UNAM. Read the following paragraph about the National University of Mexico and then answer the questions below in English.

La Universidad Nacional Autónoma de México (UNAM) es una universidad muy importante en Latinoamérica. En la UNAM hay edificios de arquitectura moderna como la biblioteca, por ejemplo. Esa biblioteca tiene diez pisos y en las paredes exteriores hay mosaicos que describen la historia de México. También allí está el Estadio Olímpico. Aunque (*although*) la UNAM tiene edificios nuevos, es una universidad muy vieja. Se fundó (*it was founded*) en 1551, ochenta y cinco años antes que (*before*) Harvard. Y, como Harvard, es una universidad muy buena. Allí es posible estudiar antropología, ciencias políticas, ingeniería, matemáticas, literatura y muchas carreras (*careers*) más.

1. What are the buildings like at the UNAM?

   _____

2. How tall is the library and how is it decorated?

   _____

   _____

3. What other important building is located in the university area?

   _____

4. How many years before Harvard was the UNAM founded?

   _____

5. What fields of study can one pursue at this university?

   _____

   _____

Copyright © 1993 by Holt, Rinehart and Winston, Inc. All rights reserved.

Nombre _____ Fecha _____ Sección _____

CAPÍTULO 3
Lectura B

La UNAM. Read the following paragraph about the National University of Mexico and then answer the multiple choice questions below by circling the letter of the correct answer.

La Universidad Nacional Autónoma de México (UNAM) es una universidad muy importante en Latinoamérica. En la UNAM hay edificios de arquitectura moderna como la biblioteca, por ejemplo. Esa biblioteca tiene diez pisos y en las paredes exteriores hay mosaicos que describen la historia de México. También allí está el Estadio Olímpico. Aunque (*although*) la UNAM tiene edificios nuevos, es una universidad muy vieja. Se fundó (*it was founded*) en 1551, ochenta y cinco años antes que (*before*) Harvard. Y, como Harvard, es una universidad muy buena. Allí es posible estudiar antropología, ciencias políticas, ingeniería, matemáticas, literatura y muchas carreras (*careers*) más.

1. The library of UNAM has

    a. eight floors
    b. sixteen floors
    c. ten floors

2. The mosaics of UNAM describe

    a. student life
    b. the history of Mexico
    c. different careers

3. The UNAM is a

    a. very old university
    b. very new university
    c. very exclusive university

4. At UNAM you can study

    a. mathematics only
    b. many different fields
    c. only the history of Mexico

5. Harvard was founded

    a. the same year as UNAM
    b. before UNAM
    c. after UNAM

Copyright © 1993 by Holt, Rinehart and Winston, Inc. All rights reserved.

Nombre _____ Fecha _____ Sección _____

CAPÍTULO 4
Lectura A

Mi amiga Alicia. Read the following paragraph and then answer the questions below in English.

Mi amiga Alicia Vázquez es chilena. Ella vive con su familia en un apartamento en Santiago. Durante (*during*) la semana asiste a la universidad. Estudia sociología. Alicia es una chica muy trabajadora, pero de vez en cuando necesita unas vacaciones. Los sábados y los domingos va con sus padres a la casa que tienen en el campo o va de campamento a las montañas con unos amigos. En el verano va a Viña del Mar para tomar sol (*sunbathe*) y en el invierno esquía en Lagunillas o en Portillo. En enero yo voy a visitarla. ¡Qué buen tiempo va a hacer en la playa!

1. Who is Alicia Vázquez and where does she live?

   _____

   _____

2. What does Alicia do during the week?

   _____

3. What does she do on the weekends?

   _____

   _____

4. What does she do in the summer? And in the winter?

   _____

   _____

5. During what month is Alicia's friend going to Chile?

   _____

Nombre _____ Fecha _____ Sección _____

CAPÍTULO 4
Lectura B

Mi amiga Alicia. Read the following paragraph and then answer the multiple choice questions below by circling the letter of the correct answer.

Mi amiga Alicia Vázquez es chilena. Ella vive con su familia en un apartamento en Santiago. Durante (*during*) la semana asiste a la universidad. Estudia sociología. Alicia es una chica muy trabajadora, pero de vez en cuando necesita unas vacaciones. Los sábados y los domingos va con sus padres a la casa que tienen en el campo o va de campamento a las montañas con unos amigos. En el verano va a Viña del Mar para tomar sol (*sunbathe*) y en el invierno esquía en Lagunillas o en Portillo. En enero yo voy a visitarla. ¡Qué buen tiempo va a hacer en la playa!

1. Alicia lives with

    a. her parents
    b. her sister
    c. some friends

2. Alicia is a

    a. sociologist
    b. student
    c. professor

3. Alicia's parents own a

    a. country house
    b. camp ground
    c. beach house

4. In the summer, Alicia

    a. goes to the beach
    b. skis
    c. works

5. Alicia's friend is going to Chile in

    a. June
    b. January
    c. December

Nombre _____ Fecha _____ Sección _____

CAPÍTULO 5
Lectura A

Los puertorriqueños en los Estados Unidos. Read the following passage and then answer the questions below in English.

Hay muchos puertorriqueños en los Estados Unidos. Generalmente viven en centros urbanos como Nueva York, Filadelfia, Chicago y Boston. ¡Hay más puertorriqueños en la ciudad de Nueva York que en San Juan, la capital de Puerto Rico! ¿Por qué vienen aquí? Vienen aquí porque necesitan trabajo. Muchos puertorriqueños piensan regresar a la isla (*island*) después de ganar bastante dinero. Algunos puertorriqueños tienen problemas cuando llegan. En las ciudades como Nueva York hay mucha pobreza, crimen, desempleo y contaminación del aire. No es fácil conseguir (*to get*) trabajo. También hay discriminación contra los puertorriqueños. Sin embargo (*nevertheless*), algunos puertorriqueños tienen empleos (*jobs*) muy buenos. Muchos son profesionales: doctores, abogados (*lawyers*), profesores, ingenieros, etc.

1. In what areas of the United States do most Puerto Ricans live?

   _____
   _____

2. What is the city with the largest Puerto Rican population?

   _____

3. What is the goal of most Puerto Ricans in coming to the United States?

   _____

4. What problems do some Puerto Ricans encounter on the continent?

   _____
   _____

5. Are some Puerto Ricans successful? Explain.

   _____
   _____

Copyright © 1993 by Holt, Rinehart and Winston, Inc. All rights reserved.

Nombre _____ Fecha _____ Sección _____

CAPÍTULO 5
Lectura B

Los puertorriqueños en los Estados Unidos. Read the following passage and then answer the multiple choice questions below by circling the letter of the correct answer.

Hay muchos puertorriqueños en los Estados Unidos. Generalmente viven en centros urbanos como Nueva York, Filadelfia, Chicago y Boston. ¡Hay más puertorriqueños en la ciudad de Nueva York que en San Juan, la capital de Puerto Rico! ¿Por qué vienen aquí? Vienen aquí porque necesitan trabajo. Muchos puertorriqueños piensan regresar a la isla (*island*) después de ganar bastante dinero. Algunos puertorriqueños tienen problemas cuando llegan. En las ciudades como Nueva York hay mucha pobreza, crimen, desempleo y contaminación del aire. No es fácil conseguir (*to get*) trabajo. También hay discriminación contra los puertorriqueños. Sin embargo (*nevertheless*), algunos puertorriqueños tienen empleos (*jobs*) muy buenos. Muchos son profesionales: doctores, abogados (*lawyers*), profesores, ingenieros, etc.

1. Most Puerto Ricans in the United States live

    a. in the country
    b. in the cities
    c. in the suburbs

2. The goal of most Puerto Ricans coming to the United States is

    a. to become United States citizens
    b. to get an education
    c. to work

3. In comparison with San Juan, in New York there are

    a. the same number of Puerto Ricans
    b. fewer Puerto Ricans
    c. more Puerto Ricans

4. Puerto Ricans encounter

    a. immigration problems
    b. discrimination
    c. no problems at all

5. Normally Puerto Ricans in the United States plan to

    a. return to Puerto Rico
    b. stay in the United States
    c. move to Mexico

Copyright © 1993 by Holt, Rinehart and Winston, Inc. All rights reserved.

Nombre _____ Fecha _____ Sección _____

CAPÍTULO 6
Lectura A

Los méxico-americanos. Read the following passage about Mexican-Americans and then answer the questions below in English.

Los méxico-americanos son el grupo hispano más grande de los Estados Unidos. Ellos viven generalmente en Tejas, California, Illinois y los estados del suroeste como Nuevo México y Arizona. Mucha gente cree que todos los méxico-americanos entran ilegalmente a los Estados Unidos. En realidad, muchos son descendientes de los españoles que colonizaron (*colonized*) el suroeste antes de la llegada de los anglos. Así, los méxico-americanos tienen una larga historia aquí. También hay muchos méxico-americanos importantes en la política de hoy. Uno de los más famosos es César Chávez, el fundador (*founder*) del United Farm Workers. Otros son Toney Anaya, el ex-gobernador de Nuevo México, y Henry Cisneros, el alcalde (*mayor*) de San Antonio, Tejas, que en 1984 fue considerado (*was considered*) como candidato a vicepresidente durante la campaña (*campaign*) de Mondale.

1. What is the largest Hispanic group in the United States?

   _____

2. Are most Mexican-Americans illegal aliens?

   _____

   _____

3. Who is one of the most famous Mexican-American? What did he do?

   _____

   _____

4. Who is Toney Anaya?

   _____

5. What happened to Henry Cisneros en 1984?

   _____

   _____

Copyright © 1993 by Holt, Rinehart and Winston, Inc. All rights reserved.

Nombre _____ Fecha _____ Sección _____

CAPÍTULO 6
Lectura B

Los méxico-americanos. Read the following passage about Mexican-Americans and then answer the multiple choice questions below by circling the letter of the correct answer.

Los méxico-americanos son el grupo hispano más grande de los Estados Unidos. Ellos viven generalmente en Tejas, California, Illinois y los estados del suroeste como Nuevo México y Arizona. Mucha gente cree que todos los méxico-americanos entran ilegalmente a los Estados Unidos. En realidad, muchos son descendientes de los españoles que colonizaron (*colonized*) el suroeste antes de la llegada de los anglos. Así, los méxico-americanos tienen una larga historia aquí. También hay muchos méxico-americanos importantes en la política de hoy. Uno de los más famosos es César Chávez, el fundador (*founder*) del United Farm Workers. Otros son Toney Anaya, el ex-gobernador de Nuevo México, y Henry Cisneros, el alcalde (*mayor*) de San Antonio, Tejas, que en 1984 fue considerado (*was considered*) como candidato a vicepresidente durante la campaña (*campaign*) de Mondale.

1. The largest Hispanic group in the United States is that of the

    a. Spaniards
    b. Puerto Ricans
    c. Mexican-Americans

2. Most Mexican-Americans are

    a. illegal aliens
    b. descendants of the Spanish colonists
    c. descendants of the Anglos

3. Toney Anaya was

    a. the founder of the United Farm Workers
    b. the governor of New Mexico
    c. the mayor of San Antonio

4. Most Mexican-Americans live in

    a. the southwestern states
    b. the northeastern states
    c. the southeastern states

5. Henry Cisneros was considered as candidate for

    a. governor
    b. vice-president
    c. union leader

Copyright © 1993 by Holt, Rinehart and Winston, Inc. All rights reserved.

Nombre _____ Fecha _____ Sección _____

CAPÍTULO 7
Lectura A

Las diversiones en el mundo hispánico. Read the following passage about Hispanic pastimes and then answer the questions below in English.

¿Cuáles son las diversiones favoritas de los hispanos? Bueno, a muchos les gusta bailar. Generalmente bailan en discotecas, en bailes y en las fiestas. Dos bailes muy populares son el tango, que es de la Argentina, y la cumbia, un baile muy popular en Colombia y Venezuela. También a mucha gente le gusta ir al cine. En España, hay clubes especiales para ver películas. También a muchos jóvenes hispanos les gusta cantar canciones folklóricas y tocar la guitarra. Otra diversión o pasatiempo muy común es el paseo. En muchos lugares la gente sale a dar un paseo los fines de semana y también camina por el parque o por las calles después del almuerzo o antes de la cena.

1. Where do Hispanics like to dance?

   _____

2. Name two popular dances and their origin.

   _____

   _____

3. What kind of clubs can one find in Spain?

   _____

4. What do many young people like to do?

   _____

   _____

5. When do most Hispanics take walks?

   _____

   _____

Nombre _____ Fecha _____ Sección _____

CAPÍTULO 7
Lectura B

Las diversiones en el mundo hispánico. Read the following passage about Hispanic pastimes and then answer the multiple choice questions below by circling the letter of the correct answer.

¿Cuáles son las diversiones favoritas de los hispanos? Bueno, a muchos les gusta bailar. Generalmente bailan en discotecas, en bailes y en las fiestas. Dos bailes muy populares son el tango, que es de la Argentina, y la cumbia, un baile muy popular en Colombia y Venezuela. También a mucha gente le gusta ir al cine. En España, hay clubes especiales para ver películas. También a muchos jóvenes hispanos les gusta cantar canciones folklóricas y tocar la guitarra. Otra diversión o pasatiempo muy común es el paseo. En muchos lugares la gente sale a dar un paseo los fines de semana y también camina por el parque o por las calles después del almuerzo o antes de la cena.

1. Hispanics like to

    a. dance a lot
    b. go to museums
    c. cook

2. La cumbia is a popular dance from

    a. Argentina
    b. Colombia
    c. Panamá

3. In Spain, there are special clubs for

    a. dancing
    b. watching movies
    c. dining

4. Many young people like to

    a. dance the tango
    b. sing and play the guitar
    c. walk

5. Hispanics take walks

    a. after breakfast
    b. before lunch
    c. before dinner

Copyright © 1993 by Holt, Rinehart and Winston, Inc. All rights reserved.

Nombre _____ Fecha _____ Sección _____

CAPÍTULO 8
Lectura A

Un viaje a Barcelona. Read the following passage about a student's trip to Barcelona and then answer the questions below in English.

Cuando estudié en España el año pasado, visité Barcelona con los Solé, "mi familia" española. Nos quedamos en un hotel cerca de Las Ramblas. Visitamos muchos lugares famosos como el Templo de la Sagrada Familia, la Catedral y el monumento a Cristóbal Colón. Sacamos muchas fotos. A pedido de (*at the request of*) las dos hijas más pequeñas de los Solé, también fuimos al parque Güell y visitamos un parque de diversiones en el Monte Tibidabo. Nos divertimos mucho, pero llegamos a casa muy cansados.

1. When did this student visit Barcelona?
   _____

2. With whom did she go?
   _____

3. Where did they stay?
   _____

4. Where did they go at the children's request?
   _____
   _____

5. How did they feel about the trip?
   _____
   _____

Copyright © 1993 by Holt, Rinehart and Winston, Inc. All rights reserved.

Nombre _____ Fecha _____ Sección _____

CAPÍTULO 8
Lectura B

Un viaje a Barcelona. Read the following passage about a student's trip to Barcelona and then answer the multiple choice questions below by circling the letter of the correct answer.

Cuando estudié en España el año pasado, visité Barcelona con los Solé, "mi familia" española. Nos quedamos en un hotel cerca de Las Ramblas. Visitamos muchos lugares famosos como el Templo de la Sagrada Familia, la Catedral y el monumento a Cristóbal Colón. Sacamos muchas fotos. A pedido de (*at the request of*) las dos hijas más pequeñas de los Solé, también fuimos al parque Güell y visitamos un parque de diversiones en el Monte Tibidabo. Nos divertimos mucho, pero llegamos a casa muy cansados.

1. The student visited Barcelona

   a. last month
   b. last week
   c. last year

2. They stayed at a hotel

   a. near Las Ramblas
   b. far from Las Ramblas
   c. next to Las Ramblas

3. The Solés have

   a. two girls only
   b. more than two children
   c. two boys only

4. During their visit they

   a. took pictures
   b. ate a lot
   c. played games

5. After the trip, the family felt

   a. sick
   b. sad
   c. tired

Copyright © 1993 by Holt, Rinehart and Winston, Inc. All rights reserved.

Nombre _____ Fecha _____ Sección _____

CAPÍTULO 9
Lectura A

Los deportes en España y Latinoamérica. Read the following passage about sports in Spain and Latin America and then answer the questions below in English.

En España y Latinoamérica el deporte favorito es el fútbol. Cada ciudad tiene uno o dos equipos. Muchos aficionados asisten a los partidos. Si no pueden ver el partido en el estadio lo miran en televisión o lo escuchan en la radio. Aquí en Estados Unidos hay varios latinoamericanos que juegan para equipos de béisbol y fútbol. Entre ellos, dos jugadores famosos son Fernando Valenzuela de los Dodgers y Alberto Cabañas de los Cosmos.

Otros deportes populares entre los hispanos son el tenis, el golf, el básquetbol, el correr y el boxeo (*boxing*). Hay varios campeones hispanos en estos deportes: en tenis, Gabriela Sabatini y Guillermo Vilas; en golf, Seve Ballesteros; en el correr, Alberto Salazar; y en el boxeo, Héctor "Macho" Camacho.

1. What is the most popular sport in Spain and Latin America?

   _____

2. What do people do if they cannot attend the games?

   _____

3. In which sports are there several Hispanics playing for U. S. teams?

   _____

4. What are other popular sports in Spain and Latin America?

   _____

5. In what sports have Sabatini, Salazar and Camacho made their mark?

   _____

   _____

Copyright © 1993 by Holt, Rinehart and Winston, Inc. All rights reserved.

Nombre _____ Fecha _____ Sección _____

CAPÍTULO 9
Lectura B

Los deportes en España y Latinoamérica. Read the following passage about sports in Spain and Latin America and then answer the multiple choice questions below by circling the letter of the correct answer.

En España y Latinoamérica el deporte favorito es el fútbol. Cada ciudad tiene uno o dos equipos. Muchos aficionados asisten a los partidos. Si no pueden ver el partido en el estadio lo miran en televisión o lo escuchan en la radio. Aquí en Estados Unidos hay varios latinoamericanos que juegan para equipos de béisbol y fútbol. Entre ellos, dos jugadores famosos son Fernando Valenzuela de los Dodgers y Alberto Cabañas de los Cosmos.

Otros deportes populares entre los hispanos son el tenis, el golf, el básquetbol, el correr y el boxeo (*boxing*). Hay varios campeones hispanos en estos deportes: en tenis, Gabriela Sabatini y Guillermo Vilas; en golf, Seve Ballesteros; en el correr, Alberto Salazar; y en el boxeo, Héctor "Macho" Camacho.

1. Every big city has
    a. only one team
    b. one or two teams
    c. one team in each region

2. Generally, people who cannot attend the games
    a. read the newspaper
    b. watch it on television
    c. talk to other people

3. A lot of Latin Americans play for
    a. United States baseball teams
    b. Spanish soccer teams
    c. Cuban boxing teams

4. Seve Ballesteros is a famous
    a. tennis player
    b. golfer
    c. track and field athlete

5. Another popular sport in Latin America is
    a. jai-alai
    b. hockey
    c. boxing

Nombre _____ Fecha _____ Sección _____

CAPÍTULO 10
Lectura A

Ciudades del norte de España. Lea el siguiente pasaje sobre ciudades del norte de España; luego conteste en inglés las preguntas que siguen.

Cuando los norteamericanos viajan a España, generalmente visitan Madrid y las ciudades del sur como Córdoba, Sevilla y Granada. Pocos viajan por el norte de España. Dos ciudades interesantes del norte son Santiago de Compostela y Santander. Santiago es famosa por su Catedral, una de las iglesias más grandes de España, y por el Hostal de los Reyes Católicos donde se quedaban (*stayed*) Fernando e Isabel en el siglo XV. Hoy es un hotel moderno muy caro. Santander está en la costa del Mar Cantábrico. Es una ciudad muy popular entre los españoles. Muchos pasan las vacaciones de verano allí porque no hace tanto calor como en el sur. En Santander hay hoteles y restaurantes buenos, un casino muy grande, parques pintorescos y playas muy bonitas.

1. What part of Spain do few Americans visit? What cities could they visit there?

   _____
   _____

2. Why is Santiago famous?

   _____
   _____

3. What is the Hostal used for today?

   _____

4. Why do Spaniards spend their vacation in Santander?

   _____

5. What does Santander have to offer?

   _____
   _____

Nombre _____ Fecha _____ Sección _____

CAPÍTULO 10
Lectura B

Ciudades del norte de España. Lea el siguiente pasaje sobre ciudades del norte de España; luego complete las frases que siguen marcando con un círculo la letra de las respuestas más apropiadas.

Cuando los norteamericanos viajan a España, generalmente visitan Madrid y las ciudades del sur como Córdoba, Sevilla y Granada. Pocos viajan por el norte de España. Dos ciudades interesantes del norte son Santiago de Compostela y Santander. Santiago es famosa por su Catedral, una de las iglesias más grandes de España, y por el Hostal de los Reyes Católicos donde se quedaban (*stayed*) Fernando e Isabel en el siglo XV. Hoy es un hotel moderno muy caro. Santander está en la costa del Mar Cantábrico. Es una ciudad muy popular entre los españoles. Muchos pasan las vacaciones de verano allí porque no hace tanto calor como en el sur. En Santander hay hoteles y restaurantes buenos, un casino muy grande, parques pintorescos y playas muy bonitas.

1. Few Americans visit
   a. southern Spain
   b. northern Spain
   c. western Spain

2. Santiago is famous for its
   a. beaches
   b. cathedral
   c. restaurants

3. Today the Hostal is
   a. an expensive hotel
   b. the house of the king and queen of Spain
   c. a church

4. During the summer the climate of Santander is
   a. very hot and humid
   b. cold and rainy
   c. not as hot as in the south

5. The Cathedral of Santiago is one of the
   a. smallest in Spain
   b. oldest in Spain
   c. biggest in Spain

Copyright © 1993 by Holt, Rinehart and Winston, Inc. All rights reserved.

Nombre _____ Fecha _____ Sección _____

CAPÍTULO 11
Lectura A

Costa Rica, país sin ejército (army). Lea el siguiente pasaje sobre Costa Rica; luego conteste en inglés las preguntas que siguen.

Costa Rica es un pequeño país centroamericano. Está situado entre Nicaragua y Panamá. Tiene dos costas: una en el Caribe y otra en el Pacífico. Sus productos principales son el café, el azúcar, las bananas, la carne y el cacao (*cocoa*). Un aspecto muy interesante de Costa Rica es que es el único país de América que no tiene ejército. Como Estados Unidos, es un país democrático y tiene elecciones presidenciales cada cuatro años. En 1987 el presidente de Costa Rica, Oscar Arias, ganó el Premio Nóbel de la Paz por su plan para terminar las guerras en Nicaragua y en El Salvador.

1. Where is Costa Rica located?

   _____
   _____

2. What are its main products?

   _____
   _____

3. What is a very interesting aspect of Costa Rica?

   _____
   _____

4. In what way is Costa Rica similar to the United States?

   _____
   _____

5. What did Oscar Arias win? Why?

   _____
   _____

Copyright © 1993 by Holt, Rinehart and Winston, Inc. All rights reserved.

Nombre _____ Fecha _____ Sección _____

CAPÍTULO 11
Lectura B

Costa Rica, país sin ejército (army). Lea el siguiente pasaje sobre Costa Rica; luego complete las frases que siguen marcando con un círculo la letra de las respuestas más apropiadas.

Costa Rica es un pequeño país centroamericano. Está situado entre Nicaragua y Panamá. Tiene dos costas: una en el Caribe y otra en el Pacífico. Sus productos principales son el café, el azúcar, las bananas, la carne y el cacao (*cocoa*). Un aspecto muy interesante de Costa Rica es que es el único país de América que no tiene ejército. Como Estados Unidos, es un país democrático y tiene elecciones presidenciales cada cuatro años. En 1987 el presidente de Costa Rica, Oscar Arias, ganó el Premio Nóbel de la Paz por su plan para terminar las guerras en Nicaragua y en El Salvador.

1. Costa Rica is located in
    a. South America
    b. The Caribbean
    c. Central America

2. Two of its main products are
    a. coffee and sugar
    b. tobacco and oranges
    c. chocolate and corn

3. Costa Rica doesn't have
    a. an army
    b. elections
    c. coasts

4. Presidential elections are held every
    a. four years
    b. two years
    c. five years

5. Oscar Arias won the Nobel Peace Prize due to his plan
    a. to establish democracy in Costa Rica
    b. to get a new president
    c. to end the war in Nicaragua and El Salvador

Copyright © 1993 by Holt, Rinehart and Winston, Inc. All rights reserved.

Nombre _____ Fecha _____ Sección _____

CAPÍTULO 12
Lectura A

Un viaje a México. Lea el siguiente pasaje sobre un viaje a México; luego conteste en inglés las preguntas que siguen.

Mis amigos Laura y Carlos visitaron México hace seis meses. Antes de salir para México fueron a la agencia de viajes y compraron dos pasajes de ida y vuelta. Sólo iban a quedarse allí dos semanas. Luego compraron cheques de viajero en el banco. Ya tenían pasaportes porque son argentinos. Primero fueron a la capital. Laura, que es profesora de literatura, asistió a varias funciones de teatro. Por las tardes, mientras ella trabajaba en la biblioteca, Carlos visitaba varios lugares de interés. En el Museo de Antropología vio obras aztecas y en el Palacio Nacional vio unos murales modernos pintados por Diego Rivera. Nunca habían estado en México antes. Les encantó todo: la historia de México, la comida y especialmente la gente.

1. When did Laura and Carlos go to Mexico?

2. What did they do before leaving?

3. What did Laura do in Mexico?

4. What did Carlos do?

5. What did they like about Mexico?

Nombre _____ Fecha _____ Sección _____

CAPÍTULO 12
Lectura B

Un viaje a México. Lea el siguiente pasaje sobre un viaje a México; luego complete las frases que siguen marcando con un círculo la letra de las respuestas más apropiadas.

Mis amigos Laura y Carlos visitaron México hace seis meses. Antes de salir para México fueron a la agencia de viajes y compraron dos pasajes de ida y vuelta. Sólo iban a quedarse allí dos semanas. Luego compraron cheques de viajero en el banco. Ya tenían pasaportes porque son argentinos. Primero fueron a la capital. Laura, que es profesora de literatura, asistió a varias funciones de teatro. Por las tardes, mientras ella trabajaba en la biblioteca, Carlos visitaba varios lugares de interés. En el Museo de Antropología vio obras aztecas y en el Palacio Nacional vio unos murales modernos pintados por Diego Rivera. Nunca habían estado en México antes. Les encantó todo: la historia de México, la comida y especialmente la gente.

1. Laura and Carlos went to Mexico
    a. seven months ago
    b. six weeks ago
    c. six months ago

2. Before leaving they
    a. got passports
    b. bought round trip tickets
    c. went to the capital

3. In Mexico, Laura
    a. attended some plays
    b. went to the museums
    c. taught literature

4. At the Palacio Nacional, Carlos saw
    a. aztec artifacts
    b. plays
    c. murals

5. Carlos and Laura very much liked
    a. the people
    b. the murals
    c. the aztecs

Copyright © 1993 by Holt, Rinehart and Winston, Inc. All rights reserved.

Nombre _____ Fecha _____ Sección _____

CAPÍTULO 13
Lectura A

Los pintores españoles. Lea el siguiente pasaje sobre pintores españoles; luego conteste en inglés las preguntas que siguen.

Hay varios pintores españoles muy famosos. Los tres clásicos son El Greco, Velázquez y Goya. La mayoría de las pinturas de El Greco son de tipo religioso. Velázquez pintó algunos cuadros religiosos, pero él fue pintor de la corte (*court*) y por eso hizo muchos retratos de los reyes españoles. Goya también fue pintor de la corte. Pintó a los reyes, pero también pintó escenas de la vida real y de la guerra. La mayoría (*majority*) de las obras de estos tres pintores están en el Museo del Prado.

En el siglo XX hay varios pintores españoles de arte moderno o abstracto. Pablo Picasso y Juan Gris, por ejemplo, son pintores de estilo cubista. Salvador Dalí y Joan Miró son pintores surrealistas. Aquí en los Estados Unidos es posible ver muchos cuadros de estos grandes pintores modernos en varias galerías y museos de arte.

1. What kind of paintings did El Greco do?

   _____

2. Which two artists painted portraits of the Spanish royal family?

   _____

3. Who are the most famous modern Spanish painters?

   _____

   _____

4. What artistic styles are they known for?

   _____

   _____

5. Where can one see many of their paintings?

   _____

   _____

Nombre _____ Fecha _____ Sección _____

CAPÍTULO 13
Lectura B

Los pintores españoles. Lea el siguiente pasaje sobre pintores españoles; luego complete las frases que siguen marcando con un círculo la letra de las respuestas más apropiadas.

Hay varios pintores españoles muy famosos. Los tres clásicos son El Greco, Velázquez y Goya. La mayoría de las pinturas de El Greco son de tipo religioso. Velázquez pintó algunos cuadros religiosos, pero él fue pintor de la corte (*court*) y por eso hizo muchos retratos de los reyes españoles. Goya también fue pintor de la corte. Pintó a los reyes, pero también pintó escenas de la vida real y de la guerra. La mayoría (*majority*) de las obras de estos tres pintores están en el Museo del Prado.

En el siglo XX hay varios pintores españoles de arte moderno o abstracto. Pablo Picasso y Juan Gris, por ejemplo, son pintores de estilo cubista. Salvador Dalí y Joan Miró son pintores surrealistas. Aquí en los Estados Unidos es posible ver muchos cuadros de estos grandes pintores modernos en varias galerías y museos de arte.

1. El Greco did many
   a. portraits
   b. country scenes
   c. religious paintings

2. Two artists that painted portraits of the Spanish royal family are
   a. El Greco and Velázquez
   b. Velázquez and Goya
   c. El Greco and Goya

3. A Spanish cubist painter is
   a. Juan Gris
   b. Salvador Dalí
   c. Joan Miró

4. A Spanish surrealist painter is
   a. Pablo Picasso
   b. Joan Miró
   c. Juan Gris

5. In the United States, it is possible to see
   a. a few modern Spanish paintings
   b. many modern Spanish paintings
   c. a couple of modern Spanish paintings

Copyright © 1993 by Holt, Rinehart and Winston, Inc. All rights reserved.

Nombre _____ Fecha _____ Sección _____

CAPÍTULO 14
Lectura A

La Navidad. Lea el siguiente pasaje sobre la Navidad; luego conteste en inglés las preguntas que siguen.

En los Estados Unidos celebramos la Navidad el 25 de diciembre. Ese día, o la noche antes, los niños reciben regalos. Mucha gente va a la iglesia. Generalmente se hace una comida muy grande. Muchos comen pavo y postres, y muchas casas tienen un árbol de Navidad con adornos y luces (*lights*).

En España y Latinoamérica la Navidad es un poco diferente. Se hacen comidas grandes y la gente va a la iglesia como en los Estados Unidos, pero los niños reciben la mayoría (*majority*) de sus regalos el 6 de enero. Además, el árbol no es el adorno principal de la casa sino (*but rather*) un nacimiento (*Nativity scene*) con figuras de José, la Virgen María, el Niño Jesús, los Reyes Magos y varios animales. A veces los nacimientos son muy grandes y cubren (*cover*) toda la mesa. Los hispanos también comen muchos postres durante las fiestas. Los españoles, por ejemplo, comen turrón, un dulce de almendras (*almonds*) muy delicioso.

1. What holiday is being described in the reading?
   _____

2. What do Americans usually eat on this day?
   _____

3. What happens on January 6 in most Hispanic countries?
   _____
   _____

4. What type of decoration do most Hispanics have in their house during this time?
   _____
   _____

5. What is turrón?
   _____

Copyright © 1993 by Holt, Rinehart and Winston, Inc. All rights reserved.

Nombre _____ Fecha _____ Sección _____

CAPÍTULO 14
Lectura B

La Navidad. Lea el siguiente pasaje sobre la Navidad; luego complete las frases que siguen marcando con un círculo la letra de las respuestas más apropiadas.

En los Estados Unidos celebramos la Navidad el 25 de diciembre. Ese día, o la noche antes, los niños reciben regalos. Mucha gente va a la iglesia. Generalmente se hace una comida muy grande. Muchos comen pavo y postres, y muchas casas tienen un árbol de Navidad con adornos y luces (*lights*).

En España y Latinoamérica la Navidad es un poco diferente. Se hacen comidas grandes y la gente va a la iglesia como en los Estados Unidos, pero los niños reciben la mayoría (*majority*) de sus regalos el 6 de enero. Además, el árbol no es el adorno principal de la casa sino (*but rather*) un nacimiento (*Nativity scene*) con figuras de José, la Virgen María, el Niño Jesús, los Reyes Magos y varios animales. A veces los nacimientos son muy grandes y cubren (*cover*) toda la mesa. Los hispanos también comen muchos postres durante las fiestas. Los españoles, por ejemplo, comen turrón, un dulce de almendras (*almonds*) muy delicioso.

1. On Christmas Day a lot of North Americans
   a. go to church
   b. go shopping for presents
   c. eat very little food

2. Christmas in Latin America and in the United States
   a. are the same
   b. are completely different
   c. have some similarities

3. On January 6, in most Hispanic countries, children
   a. put up a Christmas tree
   b. receive presents
   c. eat cake and turkey

4. At Chrismas, most Hispanics have in their house
   a. a tree with lights
   b. a Nativity scene
   c. presents for the children

5. Some of the figures in the Nativity scene represent
   a. animals
   b. children
   c. Santa Claus

Copyright © 1993 by Holt, Rinehart and Winston, Inc. All rights reserved.

Nombre _____ Fecha _____ Sección _____

CAPÍTULO 15
Lectura A

Granada. Lea el siguiente pasaje sobre Granada; luego conteste en inglés las preguntas que siguen.

Fui a Granada con una amiga durante las vacaciones de primavera. Granada está en Andalucía, una región al sur de España. Vimos varias cosas interesantes. Primero visitamos la Alhambra, un antiguo palacio de los moros (*Moors*). Gente de todo el mundo va a Granada para ver ese palacio tan hermoso (*beautiful*) y para sacar fotos. Después fuimos a ver la Catedral. En la Catedral están las tumbas de Fernando e Isabel, los Reyes Católicos. También hay varias pinturas y esculturas en el museo de la Catedral. Por la tarde caminamos por el barrio árabe de Albaicín. Por la noche fuimos a ver a los gitanos (*gypsies*) que cantan y bailan flamenco en las Cuevas de Sacromonte. Granada nos gustó mucho. Yo pienso volver allí algún día, ¡tal vez el año próximo!

1. When did this person go to Granada, and with whom?

   _____

   _____

2. Where is Granada?

   _____

   _____

3. What is the Alhambra and what do many people do there?

   _____

   _____

4. What is in the Cathedral?

   _____

   _____

5. What did they do in the afternoon, and at night?

   _____

   _____

Copyright © 1993 by Holt, Rinehart and Winston, Inc. All rights reserved.

Nombre _____ Fecha _____ Sección _____

CAPÍTULO 15
Lectura B

Granada. Lea el siguiente pasaje sobre Granada; luego complete las frases que siguen marcando con un círculo la letra de las respuestas más apropiadas.

Fui a Granada con una amiga durante las vacaciones de primavera. Granada está en Andalucía, una región al sur de España. Vimos varias cosas interesantes. Primero visitamos la Alhambra, un antiguo palacio de los moros (*Moors*). Gente de todo el mundo va a Granada para ver ese palacio tan hermoso (*beautiful*) y para sacar fotos. Después fuimos a ver la Catedral. En la Catedral están las tumbas de Fernando e Isabel, los Reyes Católicos. También hay varias pinturas y esculturas en el museo de la Catedral. Por la tarde caminamos por el barrio árabe de Albaicín. Por la noche fuimos a ver a los gitanos (*gypsies*) que cantan y bailan flamenco en las Cuevas de Sacromonte. Granada nos gustó mucho. Yo pienso volver allí algún día, ¡tal vez el año próximo!

1. They went to Granada during
   a. the summer
   b. the fall
   c. the spring

2. Granada is located in
   a. southern Spain
   b. central Spain
   c. northern Spain

3. The Alhambra was a
   a. beautiful garden
   b. Moorish palace
   c. chapel for the king and queen of Spain

4. In the afternoon they took a walk through
   a. the Cathedral
   b. the Caves of Sacromonte
   c. Albaicín, a Moorish neighborhood

5. In the Caves of Sacromonte you can see flamenco danced by
   a. Andalucians
   b. Moors
   c. Gypsies

Copyright © 1993 by Holt, Rinehart and Winston, Inc. All rights reserved.

Nombre _____ Fecha _____ Sección _____

CAPÍTULO 16
Lectura A

Paraguay. Lea el siguiente pasaje sobre Paraguay; luego conteste en inglés las preguntas que siguen.

Paraguay está situado en el centro de América del Sur: al sur de Bolivia, al norte de la Argentina y al suroeste del Brasil. Como Bolivia, Paraguay no tiene costa ni en el Atlántico ni en el Pacífico. Aunque no lo parece, en tamaño (*size*) Paraguay es tan grande como California, pero sólo tiene unos cuatro millones de habitantes. En Paraguay casi todos son bilingües. Hablan español y guaraní, una lengua indígena. Paraguay es famoso por sus proyectos hidroeléctricos, especialmente por la represa (*dam*) de Itaipú en el Río Paraná. En efecto (*In fact*), esta represa es la más grande del mundo.

1. Where is Paraguay located?

   _____

   _____

2. How is Paraguay similar to Bolivia?

   _____

   _____

3. How big is Paraguay?

   _____

   _____

4. What languages are spoken in Paraguay?

   _____

5. What is Itaipú and why is it important?

   _____

   _____

Copyright © 1993 by Holt, Rinehart and Winston, Inc. All rights reserved.

Nombre _____ Fecha _____ Sección _____

CAPÍTULO 16
Lectura B

Paraguay. Lea el siguiente pasaje sobre Paraguay; luego complete las frases que siguen marcando con un círculo la letra de las respuestas más apropiadas.

Paraguay está situado en el centro de América del Sur: al sur de Bolivia, al norte de la Argentina y al suroeste del Brasil. Como Bolivia, Paraguay no tiene costa ni en el Atlántico ni en el Pacífico. Aunque no lo parece, en tamaño (*size*) Paraguay es tan grande como California, pero sólo tiene unos cuatro millones de habitantes. En Paraguay casi todos son bilingües. Hablan español y guaraní, una lengua indígena. Paraguay es famoso por sus proyectos hidroeléctricos, especialmente por la represa (*dam*) de Itaipú en el Río Paraná. En efecto (*In fact*), esta represa es la más grande del mundo.

1. Paraguay is located
   a. east of Brasil
   b. west of Bolivia
   c. north of Argentina

2. Paraguay is similar to Bolivia in that neither country has
   a. an Indigenous population
   b. a sea coast
   c. rivers

3. Paraguay, as compared in size to California, is
   a. smaller
   b. bigger
   c. about the same

4. In Paraguay people speak
   a. Spanish and Guaraní
   b. only Spanish
   c. Spanish and English

5. The dam of Itaipú is
   a. the biggest in the world
   b. the smallest in the world
   c. the most popular tourist attraction in the world

Copyright © 1993 by Holt, Rinehart and Winston, Inc. All rights reserved.

Nombre _____ Fecha _____ Sección _____

CAPÍTULO 17
Lectura A

Venezuela. Lea el siguiente pasaje sobre Venezuela; luego conteste en inglés las preguntas que siguen.

Venezuela está en la parte norte de Sudamérica, al este de Colombia y al norte de Brasil. Los españoles vinieron a Venezuela en 1498. Le dieron ese nombre porque las casas de los indios en el Lago Maracaibo les hicieron recordar a (*reminded them of*) Venecia, en Italia. Es decir, para ellos, Venezuela era una Venecia pequeña. Hoy día el Lago Maracaibo es famoso por su petróleo (*oil*). Dicen que Venezuela es el país más rico de Latinoamérica gracias a esa industria. Ultimamente, sin embargo (*however*), el precio del petróleo ha bajado y los venezolanos han tenido problemas económicos. No han podido pagar a tiempo lo que deben a otros países. Caracas, la capital, es una ciudad grande y moderna. Tiene muchos edificios altos y un sistema de carreteras (*highways*) muy impresionante.

1. Where is Venezuela located?

   _____
   _____

2. Why did the Spaniards call the country Venezuela?

   _____
   _____

3. What is Venezuela's most important industry?

   _____

4. What is the economic situation like today?

   _____
   _____

5. What is Caracas like?

   _____
   _____

Nombre _____ Fecha _____ Sección _____

CAPÍTULO 17
Lectura B

Venezuela. Lea el siguiente pasaje sobre Venezuela; luego complete las frases que siguen marcando con un círculo la letra de las respuestas más apropiadas.

Venezuela está en la parte norte de Sudamérica, al este de Colombia y al norte de Brasil. Los españoles vinieron a Venezuela en 1498. Le dieron ese nombre porque las casas de los indios en el Lago Maracaibo les hicieron recordar a (*reminded them of*) Venecia, en Italia. Es decir, para ellos, Venezuela era una Venecia pequeña. Hoy día el Lago Maracaibo es famoso por su petróleo (*oil*). Dicen que Venezuela es el país más rico de Latinoamérica gracias a esa industria. Ultimamente, sin embargo (*however*), el precio del petróleo ha bajado y los venezolanos han tenido problemas económicos. No han podido pagar a tiempo lo que deben a otros países. Caracas, la capital, es una ciudad grande y moderna. Tiene muchos edificios altos y un sistema de carreteras (*highways*) muy impresionante.

1. Venezuela is located
    a. in the north of Central America
    b. in the north of South America
    c. to the west of Colombia

2. The Indians built their houses
    a. in the middle of the lake
    b. close to rivers
    c. close to the capital

3. Venezuela's most important industry is
    a. water
    b. oil
    c. construction of highways

4. In Latin America, Venezuela is considered to be
    a. one of the poorest countries
    b. one of the countries most populated by Indians
    c. one of the richest countries

5. Caracas is
    a. a colonial city
    b. a modern city
    c. a historical city

Nombre _____ Fecha _____ Sección _____

CAPÍTULO 18
Lectura A

El Perú. Lea el siguiente pasaje sobre el Perú; luego conteste en inglés las preguntas que siguen.

La geografía y cultura del Perú son muy variadas. Hay valles fértiles, montañas, selva (*jungle*) y desiertos. Lima, la capital, está en la costa. El centro de la ciudad es de estilo colonial, pero también hay muchos barrios nuevos. Hay varios museos importantes en Lima. Muchos arqueólogos viajan al Perú para ver esos museos y para ver ruinas de la civilización incaica y de las civilizaciones preincaicas. En general, todos van a Cuzco, la capital del imperio (*empire*) de los incas. Allí se puede ver muchos ejemplos de la arquitectura incaica. En Cuzco, mucha gente habla dos lenguas: español y quechua, la lengua de los incas. En los pueblos pequeños generalmente sólo se habla quechua.

1. What is the geography of Peru like?

   _____

   _____

2. Where is Lima located?

   _____

3. Why do many archaeologists go to Peru?

   _____

   _____

4. What can one see in Cuzco?

   _____

5. What two languages do many people speak in Cuzco?

   _____

Nombre _____ Fecha _____ Sección _____

CAPÍTULO 18
Lectura B

El Perú. Lea el siguiente pasaje sobre el Perú; luego complete las frases que siguen marcando con un círculo la letra de las respuestas más apropiadas.

La geografía y cultura del Perú son muy variadas. Hay valles fértiles, montañas, selva (*jungle*) y desiertos. Lima, la capital, está en la costa. El centro de la ciudad es de estilo colonial, pero también hay muchos barrios nuevos. Hay varios museos importantes en Lima. Muchos arqueólogos viajan al Perú para ver esos museos y para ver ruinas de la civilización incaica y de las civilizaciones preincaicas. En general, todos van a Cuzco, la capital del imperio (*empire*) de los incas. Allí se puede ver muchos ejemplos de la arquitectura incaica. En Cuzco, mucha gente habla dos lenguas: español y quechua, la lengua de los incas. En los pueblos pequeños generalmente sólo se habla quechua.

1. In Peru one can see
    a. only mountains and valleys
    b. mountains, jungle and deserts
    c. tropical rain forests and coasts

2. Lima is located
    a. in the desert
    b. on the coast
    c. in the jungle

3. Many archaeologists go to Peru
    a. to study the Incan civilization
    b. to see the jungle
    c. to learn Spanish

4. In Cuzco one can see
    a. the remains of Incan architecture
    b. Aztec ruins
    c. colonial architecture

5. In Cuzco one can hear people speak
    a. Spanish and Guaraní
    b. Spanish only
    c. Spanish and Quechua

Copyright © 1993 by Holt, Rinehart and Winston, Inc. All rights reserved.

Nombre _____ Fecha _____ Sección _____

CAPÍTULO SUPLEMENTARIO 1
Lectura A

Una carta. José está de visita en Quito. Esta es la primera carta que les escribe a sus padres en Chile. Lea la siguiente carta; luego conteste en inglés las preguntas que siguen.

Queridos papá y mamá:

Hace una semana que estoy en Quito. Es una ciudad bonita. El clima es muy agradable. Hace buen tiempo casi todos los días pero por la noche hace fresco. Al llegar aquí me sentí enfermo. La familia con quien vivo me dijo que fue por la altura (*altitude*). No se preocupen; ahora estoy bien. He visto muchas cosas interesantes. Visité la Catedral donde está enterrado Sucre y también visité su casa. Está completamente restaurada. Este fin de semana voy con unos amigos ecuatorianos a Otavalo. Todos los sábados hay allí un mercado donde se venden las artesanías de los indios. Creo que voy a comprarme un poncho. Bueno, ahora tengo que hacer la maleta. Hasta muy pronto.

Un abrazo muy fuerte,

José

1. How long has José been in Quito?

2. What is the weather like there?

3. What happened when he first arrived?

4. What did he see so far in Quito?

5. What does he plan to do in Otavalo?

Copyright © 1993 by Holt, Rinehart and Winston, Inc. All rights reserved.

Nombre _____ Fecha _____ Sección _____

CAPÍTULO SUPLEMENTARIO 1
Lectura B

Una carta. José está de visita en Quito. Esta es la primera carta que les escribe a sus padres en Chile. Lea la siguiente carta; luego complete las frases que siguen marcando con un círculo la letra de las respuestas más apropiadas.

Queridos papá y mamá:

Hace una semana que estoy en Quito. Es una ciudad bonita. El clima es muy agradable. Hace buen tiempo casi todos los días pero por la noche hace fresco. Al llegar aquí me sentí enfermo. La familia con quien vivo me dijo que fue por la altura (*altitude*). No se preocupen; ahora estoy bien. He visto muchas cosas interesantes. Visité la Catedral donde está enterrado Sucre y también visité su casa. Está completamente restaurada. Este fin de semana voy con unos amigos ecuatorianos a Otavalo. Todos los sábados hay allí un mercado donde se venden las artesanías de los indios. Creo que voy a comprarme un poncho. Bueno, ahora tengo que hacer la maleta. Hasta muy pronto.

                                                                                Un abrazo muy fuerte,

                                                                                José

1. José has been in Quito
    a. one month
    b. one year
    c. one week

2. The weather in Quito is
    a. very pleasant
    b. quite unpleasant
    c. usually cold

3. When José first arrived, he
    a. lost his lugagge
    b. became sick
    c. went to the market

4. In Quito he saw
    a. some old friends
    b. the house of Sucre
    c. an Indian market

5. The Indians sell their crafts at a market in Otavalo
    a. on Sundays
    b. every day
    c. on Saturdays

Copyright © 1993 by Holt, Rinehart and Winston, Inc. All rights reserved.

Nombre _____ Fecha _____ Sección _____

CAPÍTULO SUPLEMENTARIO 2
Lectura A

La República Dominicana. Lea el siguiente pasaje sobre la República Dominicana; luego conteste en inglés las preguntas que siguen.

La República Dominicana está en el Mar Caribe. Con Haití forma la isla de la Española, una de las Antillas Mayores. Santo Domingo, la capital de la República Dominicana, fue fundada por el hermano de Cristóbal Colón en 1496. Fue la primera capital establecida en Hispanoamérica. Muchos exploradores y conquistadores como Ponce de León y Hernán Cortés empezaron sus aventuras en la República Dominicana.

Las industrias más importantes de ese país son el azúcar y el turismo. El azúcar siempre ha sido la industria principal, pero últimamente el precio del azúcar ha bajado mucho y el turismo se está volviendo cada vez más importante. Muchos norteamericanos pasan sus vacaciones en la República Dominicana porque tiene un clima agradable, todo allí es relativamente barato y está muy cerca de los Estados Unidos. En los últimos años se han construido muchos hoteles y restaurantes nuevos. Todos están cerca de las playas que son atractivas y bonitas.

1. Where is the Dominican Republic located?

   _____
   _____

2. Who founded the city of Santo Domingo? When?

   _____
   _____

3. Why is Santo Domingo important historically speaking?

   _____
   _____

4. What are the Dominican Republic's major industries?

   _____

5. Why do many Americans go to the Dominican Republic?

   _____
   _____

Nombre _____ Fecha _____ Sección _____

CAPÍTULO SUPLEMENTARIO 2
Lectura B

La República Dominicana. Lea el siguiente pasaje sobre la República Dominicana; luego complete las frases que siguen marcando con un círculo la letra de las respuestas más apropiadas.

La República Dominicana está en el Mar Caribe. Con Haití forma la isla de la Española, una de las Antillas Mayores. Santo Domingo, la capital de la República Dominicana, fue fundada por el hermano de Cristóbal Colón en 1496. Fue la primera capital establecida en Hispanoamérica. Muchos exploradores y conquistadores como Ponce de León y Hernán Cortés empezaron sus aventuras en la República Dominicana.

Las industrias más importantes de ese país son el azúcar y el turismo. El azúcar siempre ha sido la industria principal, pero últimamente el precio del azúcar ha bajado mucho y el turismo se está volviendo cada vez más importante. Muchos norteamericanos pasan sus vacaciones en la República Dominicana porque tiene un clima agradable, todo allí es relativamente barato y está muy cerca de los Estados Unidos. En los últimos años se han construido muchos hoteles y restaurantes nuevos. Todos están cerca de las playas que son atractivas y bonitas.

1. The Dominican Republic is part of
   a. the Lesser Antilles
   b. Haiti
   c. the Greater Antilles

2. Santo Domingo was founded by
   a. Christopher Columbus' brother
   b. Ponce de León
   c. Hernán Cortés

3. Historically speaking, Santo Domingo is important because
   a. it was founded by Christopher Columbus
   b. it was the first capital established in the New World
   c. it attracts a lot of tourists

4. The Dominican Republic's major industries are
   a. sugar and coffee
   b. sugar and rum
   c. sugar and tourism

5. In the Dominican Republic there are many
   a. casinos
   b. banks
   c. beaches

Copyright © 1993 by Holt, Rinehart and Winston, Inc. All rights reserved.

Nombre _____ Fecha _____ Sección _____

EXAMEN COMPRENSIVO I
Capítulos P-9

I. Your instructor will read you a postcard that Pam sent to Bob from Buenos Aires. Then you will hear six questions based on it. Answer them with complete sentences in Spanish.

1. _____
2. _____
3. _____
4. _____
5. _____
6. _____

II. Describe what you, your family and friends usually do on weekends. Combine elements from each column to form eight (8) sentences. Do not repeat subjects or verbs, and conjugate the verbs in the present tense. Make the sentences negative if necessary.

yo		cerrar	de vacaciones
José		jugar	en un restaurante cubano
Elena		leer	las palabras en español
tú		dormir	un curso de computadoras
nosotros	(no)	repetir	un concierto
Ed y Rosa		ir (a)	una película de terror
el estudiante		ver	con mis amigos al partido
mis padres		seguir	la novela
mi hermano(-a)		almorzar	las ventanas
mi novio y yo		asistir (a)	mucho

1. _____
2. _____
3. _____
4. _____
5. _____
6. _____
7. _____
8. _____

Copyright © 1993 by Holt, Rinehart and Winston, Inc. All rights reserved.

III. Circle the appropriate interrogative word.

1. ¿(Qué / Cuál) es un pasaporte?

2. ¿(Quién / Cómo) es el clima de España?

3. ¿(Cuándo / Dónde) están los cuadernos?

4. ¿(Con quién / Quiénes) vas al cine?

5. ¿(Cuál / Qué) es tu número de teléfono?

IV. Complete the sentences by filling in the blanks with the correct form of the adjectives given in parentheses. Make the necessary changes.

1. (ese / mucho / colonial)

   En _____ ciudad hay _____ casas _____.

2. (aquel / alemán / elegante)

   _____ señoras _____ son muy _____.

3. (dos / francés / socialista)

   Tengo _____ amigos _____ que son _____.

4. (tercero / grande / moderno)

   El _____ apartamento es _____ y _____.

V. Say what you and people you know are doing right now. Complete the sentences by filling in the blanks with appropriate verbs. Use the present progressive tense.

1. Manolo _____ el violín.

2. Elsa y Susan _____ cartas.

3. Yo _____ un partido de tenis.

4. Mamá _____ la comida.

5. Papá _____ la televisión.

VI. Answer the following questions using direct and/or indirect objects pronouns whenever possible.

  MODELO: ¿Me explicas la tarea? *Sí, te la explico.*

1. ¿Hablan francés ustedes? _____
2. ¿Te mandan dinero tus padres? _____
3. ¿Me vende usted sus libros? _____
4. ¿Sabes tocar la guitarra? _____
5. ¿Nos traes unas bebidas? _____

VII. Form logical questions using at least once each of the following verbs: *gustar, encantar, faltar, molestar, interesar.*

1. ¿dormir mucho los domingos?

   _____

2. ¿los insectos?

   _____

3. ¿la raqueta de tenis?

   _____

4. ¿los problemas urbanos?

   _____

5. ¿el chocolate?

   _____

6. ¿los deportes?

   _____

VIII. Fill in each blank below with the correct form of the verb given in parentheses to form an appropriate *usted, ustedes, tú,* or *nosotros* command, as indicated.

1. _____ los libros, ustedes.   (abrir)

2. No _____ tarde, usted.   (llegar)

3. _____ una siesta, nosotros.   (dormir)

4. _____ el abrigo, tú.   (ponerse)

5. _____ la lección, ustedes.   (leer)

6. No _____ televisión, usted.   (ver)

7. _____ la tarea, tú.   (hacer)

8. No _____ tarde, ustedes.   (volver)

IX. Read the following paragraph and then change the underlined verbs to the preterite. Write them in the spaces provided below.

En junio (1) <u>vamos</u> de vacaciones a Venezuela. (2) <u>Nos quedamos</u> en un hotel cerca de la playa. Mi hermano (3) <u>nada</u> en el mar. Yo (4) <u>visito</u> varios museos. Mis padres (5) <u>compran</u> artesanía local. El lunes, Antonio (6) <u>se encuentra</u> con una amiga en la Universidad Simón Bolívar. Mis padres (7) <u>dan</u> un paseo por la Plaza de la Independencia. Allí nosotros (8) <u>tomamos</u> unas bebidas tropicales muy deliciosas. Yo (9) <u>saco</u> muchas fotografías. ¡Qué lástima! Hoy (10) <u>es</u> nuestro último día de vacaciones...

1. _____   6. _____

2. _____   7. _____

3. _____   8. _____

4. _____   9. _____

5. _____   10. _____

X. Read the sentences below and complete them logically by filling in the blanks with the appropriate reflexive verb from the list. Use present tense forms.

    quitarse   lavarse   divertirse   casarse   ponerse

1. Julia y yo siempre _____ mucho en las fiestas.
2. Silvia _____ el abrigo cuando llega a la oficina.
3. El doctor _____ las manos frecuentemente.
4. Antes de acostarte, tú _____ el pijama, ¿no?
5. Marcelo y Eva _____ en junio.

XI. Complete the sentences by filling in the blanks with the appropriate information.

1. Juan compra sus libros en la _____.
2. Dos problemas sociales son _____ y _____.
3. Los meses del verano son: _____, _____

    y _____.
4. Si hoy es martes, mañana es _____.
5. Me pongo un _____ cuando llueve.
6. El hermano de mi madre es mi _____.
7. Hay _____ y _____ en la clase de español.
8. ¡_____! Gané la lotería.
9. Mis deportes favoritos son: _____ y _____.
10. _____. Necesito un vaso de agua fría.

XII. The following questions are directed to you. Answer them with complete sentences in Spanish.

1. ¿Qué hora es ahora?

    _____

2. ¿Qué comiste anoche?

    _____

3. ¿Con quién sales los sábados?

4. ¿Qué tienes que hacer hoy?

5. ¿Cuándo es tu cumpleaños?

6. ¿Sabes esquiar?

7. ¿Qué estás haciendo en este momento?

8. ¿Qué tiempo hace en el invierno?

9. ¿Qué ropa llevas a la playa?

10. ¿Qué haces cuando tienes sed?

XIII. Complete the sentences below by circling the correct preposition.

1. Voy al cine (por / para) la noche.

2. Esa manzana es (por / para) ti.

3. Mañana vamos (por / para) Acapulco (por / para) autobús.

4. Tú hablas (por / para) teléfono todas las noches.

5. Compré el vestido (por / para) Ángela.

XIV. Read the following passage about the Hispanic presence in the United States. Then answer the questions which follow with complete sentences in Spanish.

Los españoles que llegaron a América en el siglo XVI se sorprendieron al escuchar historias fantásticas sobre una isla llamada California. Según la historia, en la isla vivieron en el pasado las mujeres amazonas con su reina (*queen*) Calafía. Un español describió California de esta forma: "En la isla hace fresco, siempre es primavera. Hay oro por todas partes y muchos objetos de valor. Las mujeres son rubias, altas y muy bravas. La isla es un paraíso".

El gran explorador, Hernán Cortés, escuchó hablar sobre esa isla fantástica. Organizó una expedición y salió de México con unos cuarenta hombres. Cortés llegó a una isla desierta y árida. Sus hombres no encontraron oro, pero descubrieron la península que hoy día se conoce como Baja California.

Muchos españoles se establecieron en el sur de Estados Unidos. Ellos trajeron su cultura, su lengua y su religión. Algunos españoles les enseñaron español a los indios y trataron de convertirlos a la religión católica. Podemos observar la influencia hispánica en los nombres de muchos estados como Florida (flores), Nevada (nieve), Montana (montaña) y Colorado (rojo), por ejemplo. La presencia hispánica se ve también cuando miramos televisión o escuchamos radio: en la música, en la política, en las artes, en la religión, etc. Actualmente hay hispanos viviendo y trabajando en prácticamente todos los estados de Estados Unidos.

1. ¿Quiénes llegaron a América en el siglo XVI?

   _____

2. Según la lectura, ¿quiénes vivieron antes en California?

   _____

3. ¿Qué descubrió Hernán Cortés?

   _____

4. ¿En qué parte de Estados Unidos se establecieron muchos españoles? ¿Qué trajeron ellos a esa región?

   _____

   _____

5. ¿Qué aprendieron algunos indios de los españoles?

   _____

   _____

6. ¿En qué podemos observar la influencia o presencia hispánica?

   _____

   _____

7. ¿Dónde puede uno encontrar hispanos trabajando hoy día?

   _____

Nombre _____ Fecha _____ Sección _____

EXAMEN COMPRENSIVO II
Capítulos 10-18

I. Su instructor(a) le va a leer una carta que le escribió Jenny a Eddie desde Madrid. Después va a escuchar ocho preguntas sobre la carta. Contéstelas con frases completas en español.

1. _____
2. _____
3. _____
4. _____
5. _____
6. _____
7. _____
8. _____

II. Lea la siguiente historia sobre Amanda y su familia. Primero complete las oraciones marcando con un círculo la forma correcta del verbo (pretérito o imperfecto), según sea necesario. Después use su imaginación y termine la historia agregando 2-3 oraciones más.

Cuando Amanda (tuvo / tenía) once años, su familia (se mudó / se mudaba) a Ecuador. Ella no (supo / sabía) hablar español y (tenía / tuvo) que aprenderlo en la escuela. Todos los días Amanda y yo (caminamos / caminábamos) a la escuela. Una mañana nosotras nos (encontramos / encontrábamos) con un chico. Él (fue / era) simpático y muy hablador. Pronto nos (hicimos / hacíamos) muy buenos amigos. Todas las tardes Amanda (nadó / nadaba) en el río, excepto los sábados que (fue / iba) al mercado de los indios. Un sábado ella (vio / veía) allí algo muy interesante... _____

_____
_____
_____
_____

Copyright © 1993 by Holt, Rinehart and Winston, Inc. All rights reserved.

III. Con los elementos dados, escriba oraciones comparativas de igualdad o de desigualdad, según se indica entre paréntesis. Añada la información adicional necesaria.

    MODELO: cuentos / novelas   (desigualdad)   *Eva lee más cuentos que novelas.*

1. los hombres / las mujeres   (igualdad)

   _____

2. una bicicleta / un avión   (desigualdad)

   _____

3. mi hermana / yo   (igualdad)

   _____

4. una fiesta / un examen   (desigualdad)

   _____

5. un elefante / una manzana   (desigualdad)

   _____

IV. Un viaje a Perú. Complete las frases que siguen usando el futuro de los verbos entre paréntesis. Añada la información adicional necesaria.

1. (salir)   Nosotros _____.

2. (llevar)   Yo _____ en la maleta.

3. (ver)   En Perú, tú _____.

4. (sacar)   Los turistas _____.

5. (valer)   Un mapa del Cuzco _____.

V. Conteste las preguntas que siguen usando la forma correcta del condicional.

1. ¿Cómo celebraría su cumpleaños?

   _____

2. ¿Qué haría si estuviera enfermo(-a)?

   _____

3. ¿Qué podrían hacer usted y sus amigos en Madrid?

   _____

4. ¿Qué le daría usted a los pobres?

   _____

5. ¿Qué le gustaría ser en el futuro?

   _____

VI. Lea el párrafo que sigue y complete las frases marcando con un círculo la palabra apropiada.

Elisa es (mi / mía) hermana. Ella es una gran atleta. (Por / Para) la mañana, ella corre (diario / diariamente) (por / para) el parque. (Su / Nuestro) esposo también corre (rápido / rápidamente) (por / para) la pista (*track*). Después de correr, ellos van (directo / directamente) a la piscina. (Por / Para) hacer tanto ejercicio mi hermana se mantiene delgada. El próximo mes, ella y otros atletas correrán en un maratón internacional (por / para) los Estados Unidos. ¡Ojalá ganen ellos!

VII. ¿Indicativo o subjuntivo? Lea las frases que siguen y complételas marcando con un círculo la forma correcta del verbo.

1. Ojalá que (terminan / terminen / terminaron) el edificio.
2. Es verdad que Ana (tiene / tenga / tuviera) seis hermanos.
3. Dudo que usted (sabe / sepa / supiera) jugar a los naipes.
4. Era posible que yo (voy / vaya / fuera) a bailar.
5. Busco el restaurante que (sirve / sirva / sirviera) paella.
6. Necesitaban un profesor que (enseña / enseñe / enseñara) las lenguas indígenas.
7. Irá a verte tan pronto como (sale / salga / saliera) de la oficina.
8. Te aconsejé que tú (vienes / vengas / vinieras) temprano.
9. El doctor nos aconsejó que no (fumamos / fumemos / fumáramos).

10. Inés estudiaba en caso de que (hay / haya / hubiera) examen.

11. Es obvio que ustedes no (leen / lean / leyeran) el periódico.

12. No voy a la fiesta a menos que mi novio (va / vaya / fuera) conmigo.

VIII. Complete las frases que siguen añadiendo los verbos apropiados y la información adicional necesaria.

1. Si mi tía me manda dinero, _____.

2. Si tú vieras a tus amigos, _____.

3. Si ella fuera actriz, _____.

4. Si tenemos tres días libres, _____.

5. Si tengo hambre, _____.

IX. Las siguientes preguntas van dirigidas a usted. Contéstelas usando el futuro perfecto o el condicional perfecto, según corresponda.

1. ¿Qué habrá hecho para el año 2005?

   _____

2. En un viaje hipotético a Egipto, ¿qué habría visitado...?

   _____

   _____

3. En un viaje hipotético al pasado, ¿con qué persona famosa (del pasado) habría hablado?

   _____

   _____

4. ¿Qué habrá aprendido en la clase de español antes de graduarse?

   _____

5. ¿Cree usted que se habrá casado para las próximas elecciones? ¿Con quién?

   _____

X. Diga cada mandato (*nosotros*) de otra forma, confirmando o negando las frases que siguen, según las indicaciones.

   MODELO: Vamos a bailar.   *Sí, bailemos.*

1. Vamos a jugar béisbol.   No, _____.
2. Vamos a ver televisión.   Sí, _____.
3. Vamos a salir temprano.   No, _____.
4. Vamos a dormir aquí.   Sí, _____.

XI. Conteste las preguntas que siguen con frases completas en español.

1. ¿Cuánto tiempo hace que usted estudia en esta universidad?
   _____

2. ¿Cuánto tiempo hace que el presidente Clinton ganó las elecciones?
   _____

3. ¿Cuánto tiempo hace que empezó el semestre (trimestre)?
   _____

4. ¿Cuánto tiempo hace que usted conoce a su profesor(a) de español?
   _____

XII. Escriba un párrafo de 10-12 frases completas en español describiendo cómo celebró una de las fiestas que siguen. Mencione con quién la celebró, dónde, cuándo, qué hizo, qué comió, qué regalos dio o recibió, etc.

   a. Navidad
   b. Su cumpleaños
   c. La fiesta de Janucá
   d. El Día de la Madre

_____
_____
_____
_____
_____

XIII. Primero lea el pasaje de abajo sobre el poeta español Federico García Lorca. Luego conteste las preguntas que siguen con frases completas en español.

Federico García Lorca nació en Granada en el año 1898. Estudió en la Universidad de Madrid. Posteriormente vivió en Nueva York y en Argentina. Escribió muchos poemas sobre el sur de España y especialmente idealizó la imagen de los gitanos. Su <u>Romancero gitano</u> presenta con musicalidad y lirismo el mundo misterioso y trágico de los gitanos de Andalucía.

Lorca también escribió muchas nanas o poemas infantiles. Este tipo de poesía es muy musical y se caracteriza por el uso de diminutivos. Un poema infantil muy famoso es:

"Duérmete, niñito mío,

que tu madre no está en casa;

que se la llevó la Virgen

de compañera a su casa."

Cuando García Lorca se mudó a Estados Unidos, él se dedicó a escribir un grupo de poemas sobre sus impresiones y experiencias en Nueva York. De esa época es su libro <u>Poeta en Nueva York</u>. Al poeta granadino lo mataron en Granada en 1936, pocos días después de iniciada la Guerra Civil Española.

1. ¿Quién fue García Lorca?
   _____

2. ¿Sobre qué temas escribió él?
   _____

3. ¿Qué es una nana?
   _____

4. ¿Qué es <u>Poeta en Nueva York</u>?
   _____
   _____

5. Según los dos últimos versos del poema, ¿cree usted que la madre del niño está viva o muerta...? ¿Por qué?
   _____
   _____

6. ¿Cuándo y dónde murió García Lorca?
   _____
   _____

7. ¿Le gusta leer poesía? ¿Por qué sí o por qué no?
   _____
   _____

ANSWER KEY

CAPÍTULO PRELIMINAR
Prueba A

I. Choose five of the following questions.
1. ¿Cómo se llama usted?
2. ¿Qué es esto? (Show an object from the classroom)
3. ¿Cómo está usted?
4. ¿Hay tres profesores en la clase?
5. ¿Cómo se dice "pen" en español?
6. ¿Hay cinco días en una semana?

I. Answers will vary. Some probable answers are:
1. Me llamo...
2. Esto es...
3. Estoy bien, gracias. (Estoy mal.)
4. No, hay un(a) profesor(a) en la clase.
5. Se dice "bolígrafo" en español.
6. No, hay siete días en una semana.

II.
(student's name) / ¿Cómo se llama usted...? / Igualmente. (El gusto es mío.) Estoy bien, gracias.

III.
1. escritorio	2. libro	3. lápiz	4. silla
5. sala de clase	6. pizarra		

IV.
1. estamos	2. estoy	3. están	4. está

¡PUNTOS EXTRAS!
1. estudiantes
2. Se dice "cuaderno".

ANSWER KEY

CAPÍTULO PRELIMINAR
Prueba B

Reading for part I.
La Srta. Mercado está en la clase de español. Ella se llama Susana. En la clase hay dieciocho estudiantes. Un estudiante se llama José Matos. En la sala de clase hay una puerta y tres ventanas. También hay una pizarra en la pared.

1. La Srta. Mercado está en la clase de inglés.
2. Ella se llama Susana.
3. En la clase hay doce estudiantes.
4. En la sala de clase hay tres ventanas.
5. En la pared hay una pizarra.

I.
  1. No   2. Sí   3. No   4. Sí   5. Sí

II.
  1. ¿Qué tal?   2. Estoy bien.   3. Igualmente.
  4. Se llama Andrés Olivera.   5. Es un cuaderno.

III.
  1. b   2. c   3. d   4. a

IV.
  1. puerta   2. ventana   3. pizarra   4. mesa
  5. estudiante   6. escritorio

¡PUNTOS EXTRAS!
  1. Se dice "pared".
  2. estudiantes

ANSWER KEY

CAPÍTULO 1
Prueba A

I. Choose four of the following questions.
1. ¿Estamos en el hospital?
2. ¿De dónde eres?
3. ¿Estudias inglés?
4. ¿Viajas a España?
5. ¿Cómo estás?
6. ¿Cómo te llamas?

I. Answers will vary. Some probable answers are:
1. No, no estamos en el hospital. (No, estamos en la clase.)
2. Yo soy de...
3. No, no estudio inglés. (No, estudio español.)
4. Sí, viajo a España. (No, no viajo a España.)
5. Estoy bien, gracias.
6. Me llamo....

II.
1. un / un   2. unas / unos   3. una / un   4. una / una

III.
1. aviones   2. lápices   3. niñas   4. hoteles

IV.
1. La prima de Juan estudia la lección dos.
2. Tú visitas al abuelo de Marisa.
3. Marcelo necesita los libros de inglés.
4. Tú y yo viajamos al sur.
5. Los estudiantes regresan del museo.

V.
1. soy   2. es   3. somos   4. son

VI.
1. tía   2. aviones   3. pizarras   4. prima   5. norte

VII. Answers will vary.

¡PUNTOS EXTRAS!
1. Madrid
2. peseta

ANSWER KEY

CAPÍTULO 1
Prueba B

Reading for part I.
Muchos estudiantes viajan a España y visitan Madrid. En Madrid desean pasar cuatro o cinco días. Madrid es la capital de España. Un museo muy importante es el Museo del Prado. También desean visitar Toledo, una ciudad al sur de Madrid. Allí está la casa de El Greco, un pintor famoso de España. En Toledo también hay un museo interesante: el Museo de Santa Cruz.

1. Los estudiantes pasan diez días en Madrid.
2. La capital de España es Madrid.
3. Madrid está al norte de Toledo.
4. En Toledo está la casa de Picasso.
5. El Greco es un pintor italiano muy famoso.

I.
   1. No   2. Sí   3. Sí   4. No   5. No

II.
   1. un   2. una   3. un   4. un   5. unas

III.
   ciudades / universidades / museos / cámaras

IV.
   1. Jorge toma
   2. Los señores Vidal bailan
   3. Los estudiantes visitan (llegan a) la
   4. Diana estudia la

V.
   es / somos / son / es / soy

VI.
   1. capítulo tres
   2. al / estudiante
   3. del / clase
   4. plaza
   5. al / lado / del

VII.
   1. esposa   2. padre (papá)   3. primos   4. tío

¡PUNTOS EXTRAS!
   1. Madrid
   2. El Prado

ANSWER KEY

CAPÍTULO 2
Prueba A

I. Choose four of the following questions.
1. ¿Cómo son los estudiantes de su universidad?
2. ¿A quién escribe muchas cartas?
3. ¿Vive lejos o cerca de la universidad?
4. ¿Adónde viaja cuando está de vacaciones?
5. ¿De dónde es usted?
6. ¿Con quién habla por teléfono?

I. Answers will vary. Some probable answers are:
1. Los estudiantes de la universidad son simpáticos.
2. Escribo muchas cartas a mis padres.
3. Vivo lejos (cerca) de la universidad.
4. Cuando estoy de vacaciones viajo a...
5. Soy de...
6. Hablo por teléfono con mis amigos.

II.
1. grande   2. alta   3. idealistas   4. responsables   5. tercer

III.
1. a / de   2. A   3. __ / de   4. a / __   5. a / __ / a

IV.
1. está   2. son   3. están   4. es   5. soy

V.
1. escribe   2. abren   3. debemos   4. comprende
5. comemos   6. viven

VI.
1. ¿Dónde?   2. ¿Cómo?   3. ¿A quiénes?   4. ¿Qué?   5. ¿Cuándo?

VII.
1. malo   2. pequeño   3. aburrido   4. optimista   5. responsable   6. viejo

¡PUNTOS EXTRAS!
1. porteños
2. gauchos

ANSWER KEY

CAPÍTULO 2
Prueba B

Reading for part I.
Mi hermana Sofía es estudiante de arquitectura. Ella está de vacaciones en Buenos Aires, la capital de Argentina, y una ciudad que muchos describen como "El París de Sudamérica". Buenos Aires es grande y cosmopolita. Sofía desea visitar La Casa Rosada. Allí vive el presidente de la república. Ella también desea visitar los museos. Por las noches, Sofía y unos amigos asisten a óperas y conciertos en el famoso Teatro Colón.
Sofía está muy contenta en Buenos Aires.

1. Buenos Aires se asocia con...
2. La ciudad es...
3. El presidente de la república vive en...
4. Sofía también visita...
5. El Teatro Colón es famoso por sus...

I.
  1. París   2. cosmopolita   3. La Casa Rosada   4. museos
  5. óperas y conciertos

II.
  Answers will vary.

III.
  1. __ / de   2. __ / de   3. a / a   4. de   5. a / de

IV.
  1. estoy   2. están   3. es   4. eres   5. somos

V.
  1. Dónde   2. Quién   3. Qué   4. Cómo   5. Cuál

VI.
  Answers will vary. Some probable answers are:
  1. Las jóvenes corren...
  2. El niño abre la ventana.
  3. Silvia escribe...
  4. Los estudiantes estudian...

VII.
  1. d   2. e   3. a   4. b   5. c

¡PUNTOS EXTRAS!
  1. porteño
  2. cóndor (carpincho, jaguar)

ANSWER KEY

CAPÍTULO 3
Prueba A

I. Choose four of the following questions.
   1. ¿Cuántos hermanos tiene usted?
   2. ¿Qué hace cuando tiene fiebre?
   3. ¿Qué está haciendo su profesor(a)?
   4. ¿Cuántos años tiene usted?
   5. ¿Cuántos estudiantes hay en esta universidad?
   6. ¿Qué tiene que hacer hoy?

I. Answers will vary. Some probable answers are:
   1. Tengo... (No tengo...)
   2. Cuando tengo fiebre, tomo aspirinas.
   3. Mi profesor(a) está leyendo... (está escribiendo)
   4. Yo tengo...
   5. En esta universidad hay...
   6. Hoy tengo que estudiar...

II.
   1. Tiene hambre
   2. Tengo que estudiar
   3. Tenemos prisa
   4. Tienes (buena) suerte
   5. Tienen ganas...

III.
   Answers will vary.

IV.
   1. Tú estás leyendo...
   2. Los niños están bebiendo...
   3. Paula y Eduardo están escribiendo...
   4. Yo estoy escuchando...

V.
   1. dos mil   2. un millón   3. cien

VI.
   1. antropología (historia)   2. música   3. matemáticas

¡PUNTOS EXTRAS!
   1. calendario
   2. Teotihuacán

ANSWER KEY

CAPÍTULO 3
Prueba B

Reading for part I.
En la capital de México hay muchas cosas interesantes que visitar. Muchos turistas visitan las pirámides aztecas que están cerca de Ciudad de México. Las pirámides son grandes y muy altas. En la ciudad también hay parques bonitos, museos y plazas. En el restaurante "El Taco" muchas personas comen burritos y otras comidas típicas mexicanas. En los mercados los turistas compran ponchos muy lindos. Por la noche muchas personas caminan por La Plaza de la Independencia y escuchan la música de los mariachis.

1. En Ciudad de México no hay mucho que visitar.
2. Muchos turistas visitan las pirámides.
3. En la ciudad no hay parques.
4. Las pirámides son pequeñas.
5. Los restaurantes tienen ponchos muy lindos.
6. En la plaza los mariachis tocan música.

I.
　　1. No　　2. Sí　　3. No　　4. No　　5. No　　6. Sí

II. Answers will vary. Some probable answers are:
　　1. Antonio tiene (mucho) frío.
　　2. Mis amigos tienen (mucha) hambre.
　　3. El Sr. Ríos tiene (buena) suerte.
　　4. Rita tiene (mucha) sed.

III.
　　1. esta　　2. esas　　3. aquel　　4. esos　　5. estas

IV.
　　1. Mildred está leyendo un mapa.
　　2. Yo estoy comiendo tacos.
　　3. Una mujer está vendiendo ponchos.
　　4. Unos niños están bebiendo refrescos.
　　5. Tú estás buscando unos regalos.

V.
　　1. ciento veinticinco　　2. once mil　　3. seiscientos treinta

VI. Answers will vary. Some probable answers are:
　　1. Este semestre (trimestre) tengo...
　　2. La clase más difícil que tengo es...
　　3. La clase más aburrida es...
　　4. Para ser doctor(a) debo estudiar biología (ciencias).

¡PUNTOS EXTRAS!
　　1. calendario
　　2. Teotihuacán

ANSWER KEY

CAPÍTULO 4
Prueba A

I. Choose four of the following questions.
1. ¿Qué tiempo hace hoy?
2. ¿En qué estación estamos ahora?
3. ¿Qué va a hacer usted esta tarde?
4. ¿Adónde va usted de vacaciones este año?
5. ¿Cuándo es el cumpleaños de usted?
6. ¿Cuáles son los días en que no hay clase de español?
7. ¿Qué hace usted en el invierno?

I. Answers will vary. Some probable answers are:
1. Hace calor (frío, sol, etc.) hoy.
2. Estamos en (el) otoño (invierno).
3. Esta tarde (yo) voy a estudiar...
4. Este año voy de vacaciones a...
5. Mi cumpleaños es el...
6. No hay clase de español los...
7. Esquío en el invierno.

II.
hacen / hacemos / Hace / hace / haces / hago

III.
1. vamos a   2. va a   3. vas a   4. voy a   5. van a

IV. Answers will vary.

V.
1. Sí, la escribo.
2. Sí, los leo.
3. No, no lo necesito.
4. Sí, las abro.
5. No, no los compro.

VI.
1. (el) verano / hace (mucho)
2. está / llover
3. frío / (el) invierno
4. septiembre / octubre / noviembre

¡PUNTOS EXTRAS!
1. Santiago
2. Bernardo O'Higgins

ANSWER KEY

CAPÍTULO 4
Prueba B

Reading for part I.
Irene Matos es argentina. Ella vive con Enrique, el esposo, en un apartamento en Buenos Aires. Irene es profesora de biología en la Universidad de San Martín. Irene y Enrique tienen una casa cerca del mar. En el verano esquían en agua. En el invierno, durante el mes de junio, ellos van de vacaciones a Caracas, Venezuela.

    1. ¿De qué nacionalidad es Irene Matos?
    2. ¿Con quién vive ella?
    3. ¿Qué deporte practican ellos en el verano?
    4. ¿Qué clase enseña Irene en la universidad?
    5. ¿En qué mes van de vacaciones ella y Enrique?

I.
    1. argentina   2. con el esposo   3. esquían en agua   4. biología   5. en junio

II.
    1. hago   2. hace   3. hacemos   4. haces

III. Answers will vary. Some probable answers are:
    1. ... vamos a viajar a México.
    2. ... van a ir a la playa.
    3. ... va a aprender Italiano.
    4. ... vas a esquiar mucho.
    5. ... voy a visitar a unos primos.

IV. Answers will vary. Some probable answers are:
    1. Los meses de verano aquí son junio, julio y agosto.
    2. En el invierno hace frío (sol). Nieva.
    3. En la primavera hace fresco. Llueve.
    4. Mi cumpleaños es el...
    5. Tengo clase de español los...

V.
    1. c   2. c   3. b   4. a   5. c   6. b

VI. Answers will vary.

¡PUNTOS EXTRAS!
    1. diciembre / enero / febrero
    2. Santiago

Copyright © 1993 by Holt, Rinehart and Winston, Inc. All rights reserved.

ANSWER KEY

CAPÍTULO 5
Prueba A

I. Choose five of the following questions.
1. ¿Qué problemas tiene la ciudad donde usted vive?
2. ¿Dónde nieva mucho?
3. ¿Cómo son sus padres?
4. ¿Le escribe usted a su madre?
5. ¿A qué hora termina la clase de español?
6. ¿Quiere vivir usted en Nueva York? ¿Por qué?

I. Answers will vary. Some probable answers are:
1. Mi ciudad tiene mucho tráfico, basura...
2. Nieva mucho en...
3. Mis padres son amables...
4. Sí, le escribo a mi madre.
5. La clase de español termina a...
6. Sí (No), (no) quiero vivir en Nueva York porque...

II. Answers will vary. The verb forms are:
1. nieva
2. tienes
3. vienen
4. cierra
5. entiendo

III.
1. mi   2. Nuestra   3. Su   4. tus   5. Mi

IV.
1. Mamá nos prepara un pastel.
2. Daniel les escribe cartas.
3. Juan va a comprarle un regalo. (...le va a comprar...)
4. La profesora le explica el vocabulario.
5. Papá me manda dinero.

V. Answers will vary.
1. Vengo a la universidad a...
2. La clase de español empieza a...
3. Tomo el desayuno a...
4. Salgo de la clase de español a...

¡PUNTOS EXTRAS!
1. ciudadanos de (los) Estados Unidos
2. Boricua

ANSWER KEY

CAPÍTULO 5
Prueba B

Reading for part I.
Puerto Rico es una isla tropical que está en el Mar Caribe, cerca de la República Dominicana. Otro nombre para Puerto Rico es "Borinquen," su nombre indígena. En el centro de la isla hay muchas montañas y en la costa hay playas muy bonitas. San Juan, la capital de Puerto Rico, es una ciudad de arquitectura colonial. Allí también hay muchos hoteles, casinos y restaurantes modernos. Los puertorriqueños son ciudadanos de Estados Unidos, pero el idioma oficial de la isla es el español.

1. Puerto Rico está en el Mar Caribe.
2. En la costa hay muchas montañas.
3. La arquitectura de San Juan es muy moderna.
4. Los puertorriqueños hablan español.
5. Los puertorriqueños necesitan pasaporte para entrar a Estados Unidos.

I.
1. V   2. F   3. F   4. V   5. F

II.
1. entiendes   2. cierra   3. empieza   4. quiero   5. nieva

III.
1. Nuestro   2. Su   3. Mis   4. Su   5. Tu

IV.
Answers will vary.

V.
1. Sí, le preparo un café.
2. Sí, te vendo el coche.
3. Sí, les compro un regalo.
4. Sí, les escribo el poema.
5. Sí, les doy dinero.

VI.
1. Son las cuatro menos cuarto.
2. Es la una en punto.

¡PUNTOS EXTRAS!
1. El Barrio
2. puertorriqueños

ANSWER KEY

CAPÍTULO 6
Prueba A

I. Choose four of the following questions.
    1. ¿Qué no comen las personas que quieren ser delgadas?
    2. ¿Cúanto cuesta una hamburguesa?
    3. ¿Qué cursos sigue este semestre (trimestre)?
    4. ¿Qué le encanta hacer los domingos?
    5. ¿Qué bebe cuando tiene calor?
    6. Generalmente, ¿a qué hora vuelve de la universidad?

I. Answers will vary. Some probable answers are:
    1. Las personas que quieren ser delgadas no comen postres.
    2. Una hamburguesa cuesta...
    3. Este semestre (trimestre) sigo...
    4. Me encanta dormir...
    5. Bebo... cuando tengo calor.
    6. Generalmente vuelvo a...

II.
    Answers will vary.

III.
    1. Ustedes almuerzan comida mexicana.
    2. Amelia duerme hasta las 11:00.
    3. Nosotros jugamos al fútbol.
    4. El Sr. Méndez encuentra su programa favorito en la radio.
    5. Yo sueño con postres deliciosos.

IV.
    Answers will vary. Some probable answers are:
    1. Me molesta el tráfico.
    2. No le gusta la sopa a Pepito.
    3. Nos interesa mucho la política.
    4. Te faltan un tenedor y una cuchara, ¿no?

V.
    1. pregunto 2. pedimos 3. pido 4. preguntas 5. pide

VI.
    1. para 2. por 3. por 4. para / por

VII.
    Answers will vary.

¡PUNTOS EXTRAS!
    1. César Chávez Estrada
    2. Anthony Quinn (Edward James Olmos)

ANSWER KEY

CAPÍTULO 6
Prueba B

Reading for part I.
Nuevo México es el estado que queda al norte de México. El Río Bravo, que se conoce popularmente como el Río Grande, divide el territorio norteamericano del territorio mexicano. Santa Fe es la capital de Nuevo México. Otras ciudades importantes son Albuquerque y Las Cruces. En Nuevo México la población no es tan grande como en otros estados norteamericanos. Los anglos y los hispanos son los dos grupos culturales más grandes. En la radio y en la televisión hay muchos programas en español.

I.
   1. F   2. F   3. V   4. V

II.
   1. pescado   2. pastel (torta)   3. café (té)   4. piña

III.
   1. llueve   2. cuenta   3. repiten   4. vuelve   5. sirve

IV. Answers will vary. Some probable answers are:
   1. (A Mateo) le encantan (le gustan) las frutas.
   2. (Al profesor Martínez) le interesa la historia.
   3. (A nosotros) nos gusta (encanta) ir a la playa.
   4. (A Paco) le molesta el tráfico.

V.
   1. pide   2. pregunta   3. pide   4. preguntas

VI.
   1. encima   2. para   3. Después   4. hacia   5. por

VII. Answers will vary. Some probable answers are:
   1. A mi universidad le falta(n)...
   2. Sueño con...

¡PUNTOS EXTRAS!
   1. Linda Ronstadt
   2. The National Farm Workers Association

ANSWER KEY

CAPÍTULO 7
Prueba A

I. Choose four of the following questions.
1. ¿Cuál es su pasatiempo favorito?
2. ¿Qué diversiones prefiere usted cuando está solo(-a)?
3. ¿A quién le ofrece ayuda usted?
4. ¿Qué ciudad conoce usted bien?
5. ¿Me hace usted un favor?
6. ¿Les pide consejos a sus amigos?

I. Answers will vary. Some probable answers are:
1. Mi pasatiempo favorito es pasear...
2. Cuando estoy solo(-a) prefiero escuchar música...
3. Le ofrezco ayuda a...
4. Conozco bien...
5. Sí, le hago un favor. (Sí, se lo hago.)
6. Sí, les pido consejos. (Sí, se los pido.)

II.
1. pongo / pones   2. dan / doy   3. sales / salgo
4. oigo / oyen   5. pesca / pesco

III.
1. conoces   2. sabe   3. sé   4. sabemos

IV.
1. a   2. b   3. a   4. a   5. c

V. Answers will vary. Some probable answers are:
1. Beba agua.
2. Trabajen.
3. Tome medicamentos.
4. Estudien.
5. Duerma.

VI.
Answers will vary.

¡PUNTOS EXTRAS!
1. Atlántico / Pacífico
2. Simón Bolívar

ANSWER KEY

CAPÍTULO 7
Prueba B

Reading for part I.
A los hispanos les encanta el fútbol todos los meses del año, pero también tienen otros pasatiempos como escuchar música o ir al cine. Cuando hace buen tiempo, muchas personas salen a dar un paseo por la plaza o por el parque. Esta actividad es muy popular porque las personas hablan mientras hacen un poco de ejercicio. A los jóvenes les gusta bailar y cantar. Las personas mayores prefieren ir al teatro o jugar a los naipes.

1. Los hispanos tienen diferentes pasatiempos.
2. A los hispanos les interesa el fútbol solamente durante la primavera.
3. A muchas personas les gusta pasear por la plaza.
4. Los jóvenes prefieren jugar a los naipes.
5. Las personas mayores bailan y cantan en el teatro.

I.
   1. V   2. F   3. V   4. F   5. F

II. Answers will vary. Some probable answers are:
1. Salgo de la clase de español a...
2. Traigo...
3. Les doy..
4. Veo...
5. Sí (No), (no) conozco al presidente.

III.
   1. Sabes   2. sé   3. conocemos   4. saben

IV.
1. Sí, te la presto.
2. Sí, te los traigo.
3. Sí, se la preparo.
4. Sí, se lo preparo.

V. Answers will vary. Some probable answers are:
1. Vengan a comer.
2. Llegue temprano.
3. Abran sus libros.
4. No cruce la calle.

VI.
   Answers will vary.

¡PUNTOS EXTRAS!
1. Bogotá
2. El Museo del Oro

ANSWER KEY

CAPÍTULO 8
Prueba A

I. Choose four of the following questions.
1. ¿Qué ropa lleva usted hoy?
2. ¿Qué colores le gustan a usted?
3. Generalmente, ¿a qué hora se acuesta usted?
4. ¿Se enoja usted con sus amigos?
5. ¿Dónde nació usted?
6. ¿Con quién habló usted anoche?

I. Answers will vary. Some probable answers are:
1. Llevo pantalones y una camisa (blusa).
2. Me gustan el rojo y el azul.
3. Generalmente me acuesto a las once.
4. No, no me enojo con mis amigos.
5. Nací en California.
6. Hablé con mi compañero(-a) de cuarto.

II.
me levanto / Me lavo / me pongo / me siento
nos divertimos / me quito / me acuesto

III.
1. Compra el boleto pronto.
2. No olvides la cámara.
3. No saques fotos en los museos.
4. Ve al aeropuerto temprano.

IV.
1. compré   2. leí   3. cerré   4. ayudé

V.
Answers will vary.

VI. Answers will vary. Some probable answers are:
1. Sí, salí con ...
2. Mi color favorito es el ...
3. No, no me enojo mucho con mis amigos.

¡PUNTOS EXTRAS!
1. catalán
2. Pablo Picasso (Salvador Dalí)

Copyright © 1993 by Holt, Rinehart and Winston, Inc. All rights reserved.

ANSWER KEY

CAPÍTULO 8
Prueba B

Reading for part I.
El verano pasado mis hermanas y yo pasamos las vacaciones en España. En Madrid tomamos un tren que nos llevó a Barcelona. Nosotros nos quedamos en un hotel muy pequeño, pero bien en el centro. Un día comimos en un restaurante cerca de La Rambla. En el Parque Güell, mis hermanas sacaron muchas fotos y cantaron con la tuna. Yo visité el monumento a Cristóbal Colón porque me interesa la historia. Después tomamos un vino tinto y comimos pescado. Mis hermanas y yo regresamos muy alegres al hotel.

1. ¿Adónde los llevó el tren?
2. ¿Dónde comieron?
3. ¿Qué hicieron las hermanas en el Parque Güell?
4. ¿Qué visitó el hermano?
5. Después de pasear y comer, ¿cómo llegaron los hermanos al hotel?

I.
   1. a Barcelona   2. cerca de La Rambla   3. sacaron fotos
   4. el monumento a Cristóbal Colón   5. alegres

II.
   Answers will vary.

III.
   1. Hazlos ahora.
   2. Póntelo.
   3. No las digas.
   4. No salgas de noche.
   5. Cómela.

IV.
   1. nadé   2. visitaron   3. corrimos   4. se quedaron   5. escribió

V.
   Answers will vary.

¡PUNTOS EXTRAS!
   1. La tuna
   2. Salvador Dalí (Joan Miró)

ANSWER KEY

CAPÍTULO 9
Prueba A

I. Choose five of the following questions.
1. ¿Qué deportes practica usted?
2. ¿Se divirtió anoche? ¿Cómo?
3. ¿Quiénes vinieron a visitar la universidad?
4. ¿Dónde puso sus cosas (lápices, libros...) cuando se sentó?
5. ¿Vio una película interesante anoche?
6. ¿Qué no pudo hacer ayer?

I. Answers will vary. Some probable answers are:
1. Practico...
2. Sí, me divertí en el cine.
3. Mis amigos vinieron a ver la universidad.
4. Puse mis cosas en la mesa.
5. Sí, vi....
6. No pude trabajar...

II.
Answers will vary.

III.
1. supimos   2. conoció   3. pudo   4. quiso   5. quise / pude

IV. Answers will vary.
1. Fui a(l)...
2. El sábado pasado...
3. Traje...
4. Los puse en...
5. Sí, vine temprano.

V.
1. Los dos deportes favoritos de España son el fútbol y la corrida de toros.
2. La ropa de los toreros es de muchos colores.
3. Los aficionados asisten a los partidos, los miran por (en la) televisión o los escuchan en la radio.
4. Es un deporte interesante porque...

¡PUNTOS EXTRAS!
1. cubanos
2. Fidel Castro

ANSWER KEY

CAPÍTULO 9
Prueba B

Reading for part I.
En España los deportes más populares son el fútbol y la corrida de toros. También juegan al jai alai, un deporte típico de la región vasca o del norte de España. El jai alai se juega en un frontón con una canasta y una pelota. En América Latina también hay muchos aficionados al fútbol. Otros deportes populares son el tenis, el golf, el boxeo y el béisbol. Muchas mujeres prefieren la natación.

    1. Un deporte típico del norte de España es el jai alai.
    2. El jai alai se juega con una raqueta.
    3. En España y en América Latina hay muchos aficionados al fútbol.
    4. En América Latina también es muy popular el jai alai.
    5. Muchas mujeres practican la natación.

I.
    1. V   2. F   3. V   4. F   5. V

II. Answers will vary. Some probable answers are:
    1. Ramón y Ana Luisa se divirtieron en el baile.
        Ellos se sintieron muy felices.
    2. El Sr. Díaz pidió un sandwich.
        El Sr. Díaz prefirió comer un sandwich de jamón.
    3. Los "aztecas" jugaron un partido.
        Los "conquistadores" perdieron el partido.

III.
    1. supimos   2. pudo   3. quisieron / pudieron   4. conocí

IV.
    1. fue   2. di   3. vinieron   4. murieron   5. viste

V. Answers will vary. Some probable answers are:
    1. Mi deporte favorito es...
    2. Anoche me acosté a...
    3. Traje...
    4. Me puse...

VI.
    1. d   2. c   3. a   4. e   5. b

¡PUNTOS EXTRAS!
    1. La Pequeña Habana
    2. exiliados políticos

ANSWER KEY

CAPÍTULO 10
Prueba A

I. Choose five of the following questions.
1. ¿Qué tiene que hacer usted esta noche?
2. ¿Qué parte del cuerpo le duele cuando corre mucho?
3. ¿Qué síntomas tiene una persona que está resfriada?
4. ¿Es usted tan alto(-a) como su papá?
5. ¿Cuándo deben asistir ustedes a clase?
6. ¿Qué hay que hacer para tocar bien un instrumento musical?

I. Answers will vary. Some probable answers are:
1. Esta noche tengo que estudiar.
2. Me duelen las piernas cuando corro mucho.
3. Una persona que está resfriada tiene fiebre, etc.
4. Sí, soy tan alto como mi papá.
5. Debemos asistir a clase los lunes...
6. Hay que practicar mucho para tocar bien un instrumento musical.

II. Answers will vary. Some probable answers are:
1. Alicia es tan alta como Diana.
2. Alicia tiene tantas clases como Diana.
3. Alicia tiene tanto dinero como Diana.
4. Alicia hace tantos ejercicios como Diana.

III.
Answers will vary.

IV.
1. modernísima   2. dificilísimos   3. buenísima   4. popularísimo

V.
No, nunca tengo tos. / No, no me duele ninguna parte del cuerpo.
No, tampoco tengo mareos. / No, no camino ni corro ni hago ejercicios.
No, nada me da alergia.

VI.
1. ojos   2. manos   3. cabeza   4. piernas
5. aspirinas   6. garganta

¡PUNTOS EXTRAS!
1. Salamanca
2. El Cid

ANSWER KEY

CAPÍTULO 10
Prueba B

Reading for part I.
Me llamo Luis Román. Esta mañana me levanté enfermo. Alberto, mi compañero de cuarto, me llevó a un consultorio médico. La enfermera me preguntó si yo tenía fiebre. Yo le dije que no, pero que sí tenía mareos. También me dolía la garganta. Luego el doctor Mendoza me puso una inyección y me dio un jarabe. También me dijo que debía tomar mucha agua y descansar por tres días.

1. Luis fue a un...
2. La enfermera le preguntó si tenía...
3. Luis tenía dolor de...
4. El doctor le puso una inyección y le dio un...
5. El doctor también le recomendó...

I.
   1. consultorio   2. fiebre   3. garganta   4. jarabe   5. descansar

II.
   Answers will vary.

III. Answers will vary. Some probable answers are:
   1. Fidel es más alto que Manuel.
   2. María es más inteligente que Gloria.
   3. El padre de Roberto canta peor que Roberto.
   4. Ana juega mejor que Concha.

IV.
   Answers will vary.

V.
   1. No, no espero a nadie.
   2. No, no hay nada.
   3. No, nunca como en la oficina.
   4. No, ninguno de mis clientes vive en Burgos.

VI.
   Answers will vary.

¡PUNTOS EXTRAS!
   1. Santiago (el Mayor)
   2. Ávila

ANSWER KEY

CAPÍTULO 11
Prueba A

I. Choose five of the following questions.
1. ¿Qué le gustaba hacer cuando era niño(-a)?
2. ¿Qué hacía durante las vacaciones de verano?
3. En general, ¿cómo se entera usted de las noticias?
4. ¿Qué película vio la semana pasada?
5. Anoche, ¿qué hizo cuando terminó de comer?
6. ¿Qué tiempo hacía cuando se levantó esta mañana?

I. Answers will vary. Some probable answers are:
1. Cuando (yo) era niño(-a) me gustaba jugar.
2. Durante las vacaciones de verano iba a la playa.
3. Me entero de las noticias por la radio, (la televisión, los periódicos).
4. La semana pasada vi...
5. Fui a la biblioteca cuando terminé de comer.
6. Hacía frío cuando me levanté.

II.
tenía / vivía / trabajaba / era / íbamos / jugábamos / veía

III.
dormía / hubo / salió / apagaron / estaban / veían / anunció / quedaron

IV.
1. que   2. quien   3. que   4. que

V.
Answers will vary.

VI.
1. una manifestación   2. pidieron aumentos de sueldo   3. guerra

¡PUNTOS EXTRAS!
1. Buenos Aires
2. Óscar Arias

ANSWER KEY

CAPÍTULO 11
Prueba B

Reading for part I.
En Centroamérica, Costa Rica es el país que está entre Nicaragua y Panamá. Su capital es San José, una ciudad muy bonita. El clima de Costa Rica es tropical; por eso tiene muchas flores y árboles exóticos. La flor nacional es la orquídea. Costa Rica es una república democrática, donde hay elecciones cada cuatro años. También es el único país de América que no tiene ejército. Una persona muy importante de allí es el expresidente Óscar Arias, quien recibió el Premio Nóbel de la Paz en 1987.

1. Costa Rica está en América del Sur.
2. Su capital es La Paz.
3. El presidente actual es Óscar Arias.
4. Costa Rica es un país democrático.
5. El clima de Costa Rica es tropical.

I.
   1. F   2. F   3. F   4. V   5. V

II.
   Answers will vary.

III.
   1. prendía   2. escuchaba   3. se enfermó   4. tuvo   5. escuchó
   6. dormía   7. miramos

IV.
   1. que   2. que   3. quien   4. que   5. quienes

V.
   Answers will vary.

¡PUNTOS EXTRAS!
1. quetzal
2. ayudó a terminar las guerras en Nicaragua y en El Salvador (con el Plan de Paz en Centroamérica)

ANSWER KEY

CAPÍTULO 12
Prueba A

I. Choose five of the following questions.
1. ¿Qué ciudad o sitio turístico visitó el verano pasado?
2. ¿Quién le ha escrito a usted recientemente?
3. ¿Cuántos exámenes ha tenido esta semana?
4. ¿En cuántas ciudades diferentes ha vivido usted?
5. ¿Cuánto tiempo hace que usted estudia español?
6. ¿Cuánto tiempo hace que usted desayunó hoy?

I. Answers will vary. Some probable answers are:
1. Visité Boston el verano pasado.
2. Me ha escrito mi madre recientemente.
3. He tenido dos exámenes esta semana.
4. He vivido en tres ciudades diferentes.
5. Hace seis meses que estudio español.
6. Hace dos horas que desayuné hoy.

II.
1. hecho   2. pintadas   3. sacadas   4. escritos

III.
1. he visto   2. ha comprado   3. han cerrado   4. han paseado
5. ha revisado

IV.
1. Leila había salido de compras.
2. Leila comió (ha comido) con Ana hoy.
3. Leila vio (ha visto) a Tony en clase.
4. Leila siempre iba al mercado para comprar frutas.

V.
Answers will vary.

VI.
1. habían viajado   2. nos habíamos quedado   3. había visto
4. había bailado   5. habías leído

¡PUNTOS EXTRAS!
1. Yucatán
2. Chichén Itzá (Uxmal)

ANSWER KEY

CAPÍTULO 12
Prueba B

Reading for part I.
El mes pasado mi amiga Erica y yo fuimos de vacaciones a Cancún. Cancún está en la Península de Yucatán. Nosotras fuimos por avión. En Cancún nos quedamos en un hotel cerca de la playa. Todos los días Erica y yo tomábamos sol en la playa, nadábamos en el agua y paseábamos. Hablamos en español con varios turistas argentinos. Una tarde Erica visitó Cozumel y vio unas ruinas mayas. Otro día yo fui a Isla de las Mujeres. Allí compré algunos recuerdos para mis amigos.

1. Las jóvenes fueron a Cancún para trabajar.
2. Ellas viajaron por tren.
3. El hotel estaba cerca de la playa.
4. Erica vio unas ruinas mayas en Cozumel.
5. Erica compró recuerdos en la Isla de las Mujeres.

I.
   1. F   2. F   3. V   4. V   5. F

II.
1. Sí, ya están hechas.
2. Sí, ya está puesto.
3. Sí, ya está enviado.
4. Sí, ya están (todas) cerradas.

III. Answers will vary. Some probable answers are:
1. El hombre se ha acostado.
2. Los García han comido.
3. Paco se ha bañado.
4. Marianela ha tomado un examen difícil.

IV.
   1. c   2. b   3. c

V. Answers will vary. Some probable answers are:
1. El joven no se había quedado...
2. Mi amiga había tenido...
3. Los turistas habían visto...
4. Tú habías perdido...

VI.
1. Hace dos horas que desayuné.
2. Hace veinte minutos que empezó el examen.
3. Hace cinco meses que tengo este coche.

¡PUNTOS EXTRAS!
1. Yucatán
2. provincias

ANSWER KEY

CAPÍTULO 13
Prueba A

I. Choose five of the following questions.
1. ¿Quién es su pintor favorito? ¿Por qué?
2. ¿Quiere que su hija sea actriz? ¿Por qué?
3. ¿Qué escucha por radio?
4. ¿Qué revistas lee usted?
5. ¿Prefiere la ópera o el ballet? ¿Por qué?
6. ¿Qué hace usted en una galería?

I. Answers will vary. Some probable answers are:
1. Mi pintor favorito es... porque...
2. Sí (No), (no) quiero que mi hija sea actriz porque...
3. Escucho por radio las noticias, música y deportes.
4. Leo...
5. Prefiero... porque...
6. En una galería miro cuadros de pintores famosos.

II.
Answers will vary.

III.
1. peleemos   2. hables   3. baile   4. lea   5. acompañe

IV.
1. La profesora quiere que nosotros saquemos los cuadernos.
2. Ella pide que Luis y Ana escriban en la pizarra.
3. El profesor manda que Marlena vaya al laboratorio.
4. Él prefiere que tú leas la enciclopedia.

V.
1. almorcemos ahora   2. no lo toquemos aquí   3. visitémoslo mañana
4. salgamos temprano hoy   5. no asistamos a la ópera

VI.
Answers will vary.

¡PUNTOS EXTRAS!
1. el Museo del Prado
2. el Parque del Retiro

ANSWER KEY

CAPÍTULO 13
Prueba B

Reading for part I.
España tiene muchos pintores famosos. Me gusta el arte abstracto; por eso mis pintores favoritos son Pablo Picasso y Salvador Dalí. Pablo Picasso usó formas geométricas para expresar sus emociones. "Guernica" es una pintura muy importante porque muestra el horror de la guerra. Muchos consideran que Salvador Dalí es el padre del surrealismo. Sus pinturas son muy abstractas y misteriosas. Dalí pintó varios relojes para representar la destrucción del tiempo.

1. Pablo Picasso y Salvador Dalí son pintores abstractos.
2. Picasso usaba figuras geométricas.
3. "Guernica" es un cuadro muy alegre.
4. Dalí pintó cuadros sobre la guerra española.
5. Para mucha gente, Dalí es el padre del surrealismo.

I.
   1. V   2. V   3. F   4. F   5. V

II.
   Answers will vary.

III.
   1. coma   2. leamos   3. viva   4. hables   5. llame

IV.
   1. toque   2. vayamos   3. sepan   4. traigas   5. duerma

V. Answers will vary. Some probable answers are:
1. Estudiemos un poco más.
2. Durmamos una siesta.
3. Comamos antes de ir a clase.
4. Vayamos a la fiesta de Teresa.

VI.
   Answers will vary.

¡PUNTOS EXTRAS!
1. El Greco, Velázquez y Goya
2. ópera

ANSWER KEY

CAPÍTULO 14
Prueba A

I. Choose five of the following questions.
1. ¿Cuál es su día de fiesta favorito?
2. ¿Qué quieren los profesores que hagan los estudiantes?
3. ¿Qué le aconseja su mamá?
4. ¿Qué hace usted inmediatamente después de clase?
5. En general, ¿cómo celebra su cumpleaños?
6. ¿Qué le prohíben sus padres?

I. Answers will vary. Some probable answers are:
1. Mi día de fiesta favorito es...
2. Los profesores quieren que los estudiantes estudien.
3. Mi mamá me aconseja que duerma y coma bien.
4. Inmediatamente después de clase voy a comer.
5. Celebro mi cumpleaños con una fiesta.
6. Mis padres me prohíben que fume.

II.
1. Tía Rosa prefiere que tú no juegues con la piñata.
2. Nosotros dudamos que papá le traiga flores a mamá.
3. Yo me alegro (de) que ustedes celebren el Día de Reyes.
4. Abuela te aconseja que no comas todo el pavo.

III.
1. por   2. por   3. por   4. para   5. por

IV.
1. d   2. c   3. e   4. b   5. a

V.
1. generosamente   2. amablemente   3. cortésmente
4. inmediatamente

VI.
Answers will vary.

¡PUNTOS EXTRAS!
1. Cholula
2. Acapulco

ANSWER KEY

CAPÍTULO 14
Prueba B

Reading for part I.
Para los mejicanos y para muchos méxico-americanos del suroeste de Estados Unidos, las fiestas navideñas empiezan con las Posadas y terminan con una misa cantada. La celebración representa a José y a María buscando sitio donde quedarse en Belén. Ellos van pidiendo ayuda de casa en casa. Muchas familias adornan sus casas con un nacimiento o escena de la sagrada familia: José, María y el Niño Jesús. Otra costumbre típicamente hispana es que los niños dejan sus zapatos en la ventana. De esta forma los Reyes Magos saben dónde hay niños. Los tres Reyes Magos son Melchor, Gaspar y Baltazar, y son ellos los que dejan regalos a los niños buenos.

1. En Méjico las fiestas navideñas empiezan con...
2. José y María buscan...
3. Un adorno muy popular es el...
4. Los niños ponen sus zapatos...
5. Los niños buenos reciben regalos de...

I.
  1. las Posadas   2. casa   3. nacimiento
  4. en la ventana   5. los tres Reyes Magos

II.
  Answers will vary.

III.
  1. Es posible que ellos reciban muchos regalos.
  2. No creo que Mario le dé tarjetas y flores a su mamá.
  3. Es probable que nosotros pongamos un árbol de Navidad.
  4. Dudo que Alicia mande muchas tarjetas.
  5. Insisto en que invite(s) a unos amigos a cenar.

IV.
  Answers will vary.

V.
  1. diariamente   2. especialmente   3. alegremente   4. estupendamente
  5. personalmente

¡PUNTOS EXTRAS!
  1. plata
  2. Acapulco

ANSWER KEY

CAPÍTULO 15
Prueba A

I. Choose five of the following questions.
   1. ¿Dónde vivirá después de terminar sus estudios?
   2. ¿Adónde irá el próximo verano?
   3. ¿Qué hará para divertirse este fin de semana?
   4. ¿Qué podría hacer en Andalucía?
   5. ¿Dónde le gustaría pasar su luna de miel?
   6. ¿Mentiría para ayudar a un amigo? Explique.

I. Answers will vary. Some probable answers are:
   1. Después de terminar mis estudios viviré en...
   2. El próximo verano iré a...
   3. Este fin de semana iré a fiestas.
   4. En Andalucía podría visitar Granada.
   5. Me gustaría pasar la luna de miel en...
   6. Sí (No), (no) mentiría....

II.
   iremos / harán / estudiaré / seguirá / podrás / visitaremos

III.
   Answers will vary.

IV.
   1. tuyo   2. suya   3. míos

V.
   se conocieron / se vieron / se llevan / se hablan / se quieren

VI.
   Answers will vary.

¡PUNTOS EXTRAS!
   1. Andalucía
   2. árabes.

ANSWER KEY

CAPÍTULO 15
Prueba B

Reading for part I.
Entre los poetas más populares de España están Juan Ramón Jiménez, Jorge Guillén y Vicente Aleixandre. Juan Ramón Jiménez es modernista y su poesía se caracteriza por la musicalidad. Guillén escribió "Cántico", un grupo de poemas donde lo importante es el contacto con la realidad y la naturaleza. La poesía de Vicente Aleixandre es la más pesimista. Cree que el hombre es imperfecto y por eso busca la perfección en la contemplación del universo.

1. Jiménez, Guillén y Aleixandre son poetas modernistas.
2. La poesía de Jiménez es musical.
3. En su poesía Guillén busca contacto con la realidad.
4. Aleixandre cree que el hombre es perfecto.
5. La poesía de Aleixandre es pesimista.

I.
   1. F   2. V   3. V   4. F   5. V

II. Answers will vary.
1. Los científicos descubrirán...
2. Nosotros vestiremos...
3. No habrá...
4. Tú podrás...
5. Yo viajaré...

III.
Answers will vary.

IV.
1. Sí, son mías.   2. No, no son suyos.   3. Sí, es suyo.
4. No, no es mía.

V. Answers will vary. Some probable answers are:
1. Nos vemos los sábados.
2. Los amigos se abrazan (se dan la mano).
3. Sí, nos comunicamos bien.
4. Se llevan muy bien.

VI.
1. anillo   2. sinagoga   3. pareja   4. salir juntos

¡PUNTOS EXTRAS!
1. Federico García Lorca
2. Andalucía

ANSWER KEY

CAPÍTULO 16
Prueba A

I. Choose five of the following questions.
1. ¿Cuándo se pone nervioso(-a) usted?
2. ¿Conoce a alguien que tenga más de cien años?
3. ¿Hay alguien en esta clase que sepa hablar español muy bien?
4. ¿Qué cosas le asustan a usted?
5. ¿Qué hace cuando su mejor amigo(-a) está triste o deprimido?
6. ¿Qué cualidades tiene su novio(-a)?

I. Answers will vary. Some probable answers are:
1. Me pongo nervioso(-a) cuando tengo un examen.
2. Sí, conozco a alguien que tiene más de cien años.
   (No, no conozco a nadie que tenga más de cien años.)
3. Sí, hay alguien que sabe hablar español muy bien: ¡el (la) profesor(-a)!
4. Me asustan...
5. Cuando mi mejor amigo(-a) está triste o deprimido(-a) yo hablo con él (ella).
6. Mi novio(-a) es...

II.
Answers will vary.

III.
1. recibe   2. tengamos   3. vengas   4. sepan   5. prepara

IV.
acabo de invitar / al recibir / tengo que comprar / hay que ir

V.
1. contenta (feliz)   2. triste (deprimida)   3. enojado(-a)
4. enamorado(-a)   5. enfermo

¡PUNTOS EXTRAS!
1. Asunción
2. español / guaraní

ANSWER KEY

CAPÍTULO 16
Prueba B

Reading for part I.
Arturo está muy felíz porque acaba de obtener un empleo muy bueno. Ahora va a ganar más dinero y podrá casarse con su novia Mariela. Este trabajo representa un mejor futuro para la pareja. Por la noche, Arturo visita a Mariela. Ella está deprimida porque perdió su trabajo en la agencia de viajes. Arturo sonríe y le da su buena noticia. Mariela lo abraza. ¡Que alegría! No tendrán que esperar más... La boda será el próximo mes.

1. Al obtener el empleo Arturo se siente...
2. El trabajo nuevo representa un futuro...
3. Mariela estaba...
4. Al recibir la noticia Mariela lo...
5. El próximo mes habrá...

I.
   1. feliz   2. mejor   3. deprimida   4. abraza   5. una boda

II.
   1. es   2. pueda   3. construye   4. quiera   5. lloran

III.
   Answers will vary.

IV.
   1. b   2. c   3. b

V.
   Answers will vary.

¡PUNTOS EXTRAS!
1. El guaraní
2. Paraguay

ANSWER KEY

CAPÍTULO 17
Prueba A

I. Choose five of the following questions.
    1. ¿Qué compra usted en un almacén?
    2. ¿En qué gasta usted mucho dinero?
    3. ¿Qué cosas hacía usted sin que sus padres lo supieran?
    4. ¿Qué haría usted si fuera rico(-a)?
    5. ¿Qué haría usted si estuviera de vacaciones?
    6. ¿Tiene usted un(a) hermanito(-a)?

I. Answers will vary. Some probable answers are:
    1. Compro frutas y verduras en un almacén.
    2. Gasto mucho dinero en ropa.
    3. Yo salía de noche sin que mis padres lo supieran.
    4. Si fuera rico(-a), viajaría por Europa.
    5. Yo dormiría muchas horas, si estuviera de vacaciones.
    6. No, no tengo un(a) hermanito(-a).

II. Answers will vary. Some probable answers are:
    1. Le aconsejaron que se levantara...
    2. No querían que Diego fumara...
    3. Le pidieron que no saliera...
    4. No les gustaba que fuera...
    5. Le recomendaron que trabajara...

III.
    Answers will vary.

IV.
    1. e   2. e   3. u   4. u   5. o   6. y

V.
    1. casitas   2. niñitos / perrito / parquecito
    3. jovencitas / cartitas   4. autitos / callecitas

VI. Answers will vary. Some probable answers are:
    1. En una panadería compro pan y pasteles.
    2. Si necesito comprar un sofá y sillas, voy a la mueblería.
    3. En nuestra sociedad, los estudios universitarios cuestan demasiado.
    4. En un banco uno puede comprar cheques de viajero.

¡PUNTOS EXTRAS!
    1. Caracas
    2. petróleo

ANSWER KEY

CAPÍTULO 17
Prueba B

Reading for part I.
Me gustaría visitar Venezuela el próximo año. Mi amigo Beto estuvo en Caracas, la capital. Venezuela está en el norte de América del Sur, en la costa del Mar Caribe. El río Orinoco divide el país en dos regiones muy fértiles. Caracas es una ciudad grande e interesante. Allí Beto compró un bolígrafo de plata y esmeraldas. También me contó sobre Simón Bolívar, un héroe de la independencia. Mi amigo me dijo que la unidad monetaria es el bolívar.

1. Venezuela está en América Central.
2. El río Orinoco divide el país en dos regiones.
3. Caracas es una ciudad pequeña, pero interesante.
4. Allí uno puede comprar plata y esmeraldas.
5. Bolívar fue un héroe de la independencia.

I.
   1. F   2. V   3. F   4. V   5. V

II.
   Answers will vary.

III. Answers will vary. Some probable answers are:
1. Si no tuviera dinero, trabajaría.
2. Si no tengo clases mañana, dormiré hasta tarde.
3. Si fuera presidente de este país, hablaría con los senadores.
4. Si estoy muy enfermo(-a), voy al doctor.

IV.
   1. e   2. o   3. y   4. u   5. e   6. o

V. Answers will vary. Some probable answers are:
1. Los jovencitos lavaron el autito.
2. El niñito rompió la ventanita con una pelotita.
3. Los señores viajan con una camarita y tres maletitas.

VI.
   Answers will vary.

¡PUNTOS EXTRAS!
1. El bolívar
2. Margarita

ANSWER KEY

CAPÍTULO 18
Prueba A

I. Choose five of the following questions.
1. ¿Quiénes trabajan en un hospital?
2. ¿Qué está haciendo usted en este momento?
3. ¿Qué están haciendo los atletas profesionales?
4. ¿Qué se necesita cuando se viaja a otro país?
5. ¿Dónde se compran las medicinas?
6. ¿Qué idioma se habla en los Estados Unidos?

I. Answers will vary. Some probable answers are:
1. Los doctores y enfermeras trabajan en un hospital.
2. Estoy escribiendo (tomando) el examen.
3. Los atletas profesionales están haciendo ejercicios, corriendo...
4. Cuando se viaja a otro país se necesita un pasaporte y dinero.
5. Las medicinas se compran en la farmacia.
6. Se habla inglés.

II. Answers will vary. Some probable answers are:
1. están nadando
2. está estudiando
3. están comiendo
4. estás jugando baloncesto
5. estamos comprando ropas

III.
1. ¿Ya se reparó la computadora?
2. ¿Ya se pintaron los cuadros?
3. ¿Ya se tradujo el documento?
4. ¿Ya se cerraron las tiendas?

IV.
Answers will vary.

V.
1. d   2. f   3. a   4. b   5. c   6. e

¡PUNTOS EXTRAS!
1. Amazonia (Amazonas)
2. quechua

ANSWER KEY

CAPÍTULO 18
Prueba B

I. Read the following definitions.
1. Persona que se dedica a la religión y hace misas, por ejemplo.
2. Hombres que apagan fuegos y ayudan a las víctimas.
3. Mujer que se queda en la casa y cuida a sus hijos.
4. Señorita que vende boletos de ida y vuelta, por ejemplo.
5. Mujeres que sirven la comida en un restaurante.

I.
1. un cura	2. bomberos	3. el ama de casa
4. agente de viajes	5. camareras	

II. Answers will vary. Some probable answers are:
1. El policía está durmiendo en el auto.
2. La camarera está sirviendo café.
3. Los jóvenes están tocando la guitarra.

III.
Answers will vary.

IV.
Answers will vary.

V.
Answers will vary.

¡PUNTOS EXTRAS!
1. Lima
2. los Andes

ANSWER KEY

CAPÍTULO SUPLEMENTARIO 1
Prueba A

I. Choose four of the following questions.
1. ¿Dónde pondría usted el tostador y la cafetera?
2. ¿En qué parte de la casa mira usted televisión?
3. En estos días, ¿cuánto cuesta una docena de huevos?
4. ¿Qué profesión tiene su padre?
5. ¿Qué es lo más aburrido de la vida universitaria?
6. ¿Sabe usted lo que está pasando en (name a place / country with problems...)?

I. Answers will vary. Some probable answers are:
1. Yo pondría el tostador y la cafetera en la cocina.
2. Miro televisión en la sala.
3. Hoy día una docena de huevos cuesta...
4. Mi padre es abogado.
5. Lo más aburrido de la vida universitaria es tener que estudiar todos los días.
6. No, no sé lo que está pasando en (name a place / country...).

II.
1. la / ___   2. el   3. al   4. la / el / el / del

III.
1. Amy es una cantante famosa.
2. Nosotros somos candidatos demócratas.
3. Tú vendes alfombras típicas del Ecuador.
4. Yo necesito otra cómoda en el dormitorio.

IV.
Answers will vary.

V.
1. La casa fue pintada por Beto y Juan.
2. El horno es reparado por el hombre.

VI. Answers will vary. Some probable answers are:
1. Como la comida.
2. Duermo.
3. Preparo la cena.

¡PUNTOS EXTRAS!
1. El sucre
2. las Islas Galápagos

ANSWER KEY

CAPÍTULO SUPLEMENTARIO 1
Prueba B

Reading for part I.
La gente del futuro vivirá en edificios de plástico. No habrá casas para familias particulares. En la sala habrá un televisor y también una computadora que permita ver lo que ocurre en otras partes de la ciudad. Los muebles serán muy pequeños. Todas las mesas serán rojas y todas las camas serán amarillas. La gente se sentará en las mesas. Algunas personas pondrán sus camas en el garaje y sus autos en los dormitorios. No quiero vivir en el futuro. ¡Qué mundo de locos!

1. La gente del futuro vivirá en edificios de...
2. Ellos pondrán sus autos en los...
3. Las personas se sentarán en las...
4. Uno dormirá en el...

I.
   1. plástico   2. dormitorios   3. mesas   4. garaje

II.
   al / las / los / los / las / ___ / al

III.
   un / ___ / ___ / una / ___

IV.
   Answers will vary.

V.
   1. c   2. c

VI. Answers will vary. Some probable answers are:
1. La cama va en el dormitorio.
2. El sofá va en la sala.
3. La silla va en el comedor.

¡PUNTOS EXTRAS!
1. Quito
2. las Islas Galápagos.

ANSWER KEY

CAPÍTULO SUPLEMENTARIO 2
Prueba A

I. Choose five of the following questions.
1. ¿Cómo se pone usted cuando va al doctor?
2. ¿Qué llegará a ser usted?
3. ¿Cuándo su vida se hace más interesante?
4. ¿Qué habría ocurrido si hubiera estudiado mucho?
5. ¿Qué le dice a una amiga que le cuenta que va a casarse?
6. ¿Qué le dice a una persona que está comiendo?

I. Answers will vary. Some probable answers are:
1. Me pongo nervioso(-a) cuando voy al doctor.
2. Llegaré a ser un(a) ingeniero(-a) muy famoso(-a).
3. Mi vida se hace más interesante cuando tengo dinero.
4. Habría sacado A si hubiera estudiado mucho.
5. Le digo "Felicidades" ("Felicitaciones").
6. Le digo "Buen provecho".

II.
1. c   2. c   3. b   4. a

III.
1. d   2. c   3. f   4. a   5. b   6. e

IV. Answers will vary. Some probable answers are.
1. Me pongo contento(-a) cuando recibo A en un examen.
2. Llegaré a ser una persona muy famosa.
3. Me canso mucho cuando hago ejercicios.
4. Cuando mi mejor amigo(-a) se pone triste yo le hablo.

¡PUNTOS EXTRAS!
1. República Dominicana / 1538
2. Cuba / República Dominicana (Puerto Rico)

ANSWER KEY

CAPÍTULO SUPLEMENTARIO 2
Prueba B

Reading for part I.
Cuba es la isla más grande de las Antillas Mayores. La isla fue descubierta por Cristóbal Colón en 1492. El nombre de la isla, "Cuba," es parte de la palabra "Cubacán," nombre de un jefe indio muy bravo. La capital es La Habana. La industria principal es el azúcar, pero los cigarros o habanos cubanos son muy famosos también. Cuba tiene un gobierno comunista. El presidente es Fidel Castro. En los últimos años, muchos turistas han visitado la isla. Cuba tiene un clima agradable, edificios coloniales y muchas playas bonitas.

1. Cuba es la isla más pequeña de las Antillas Mayores.
2. Cubacán es el nombre de un colonizador español.
3. La industria principal de Cuba es el azúcar.
4. Cuba es un país democrático.
5. El clima es muy agradable.

I.
1. f   2. f   3. v   4. f   5. v

II.
1. b   2. c   3. b

III.
1. se mude   2. hiciéramos   3. habría sabido   4. van
5. estuvieran   6. empiece

IV.
1. me pongo   2. llegó a ser   3. se hizo   4. se volvió

¡PUNTOS EXTRAS!
1. Perú / Colombia
2. ecuador

ANSWER KEY

CAPÍTULO PRELIMINAR
Lectura A

Tarjeta postal.
1. He feels bad because his history class is horrible.
2. His history teacher is from Rome, Italy.
3. Jorge enjoys his English class.
4. Jorge's English teacher is a woman.
5. He has to go to the language laboratory to practice Spanish.

CAPÍTULO PRELIMINAR
Lectura B

Tarjeta postal.
1. c
2. b
3. a
4. b
5. c

Copyright © 1993 by Holt, Rinehart and Winston, Inc. All rights reserved.

ANSWER KEY

CAPÍTULO 1
Lectura A

En Madrid, capital de España.
1. A typical North American tourist wants to spend three or four days in Madrid.
2. The Prado Museum is important because it has paintings by well known and classical painters like El Greco, Velázquez, and Goya.
3. "Guernica" is exhibited at the Casón del Buen Retiro.
4. The Palacio de Oriente was formerly used as the living quarters of the kings and queens of Spain.
5. Today the Palacio de Oriente is used as a museum.

CAPÍTULO I
Lectura B

En Madrid, capital de España.
1. b
2. b
3. c
4. b
5. b

ANSWER KEY

CAPÍTULO 2
Lectura A

El París de Sudamérica.
1. Buenos Aires is often compared to Paris because it is a modern cosmopolitan city, and it is full of elegant shops, theaters, restaurants, cafes, etc..
2. Tourists like the Calle Florida because it has many elegant shops.
3. Avenida Corrientes has a lot of theaters, restaurants and cafes.
4. At the Teatro Colón you can see concerts and operas.
5. The Plaza de Mayo is an important historical site because it is where the Argentine independence movement began.

CAPÍTULO 2
Lectura B

El París de Sudamérica.
1. a
2. c
3. b
4. c
5. b

ANSWER KEY

CAPÍTULO 3
Lectura A

La UNAM.
1. At the UNAM the buildings are modern.
2. The library is ten floors tall and it is decorated with mosaics which describe Mexico's history.
3. The Olympic Stadium is (also) located in the university area.
4. UNAM was founded eighty five years before Harvard.
5. At the UNAM one can study a variety of fields: anthropology, political sciences, engineering, mathematics, literature, etc.

CAPÍTULO 3
Lectura B

La UNAM.
1. c
2. b
3. a
4. b
5. c

Copyright © 1993 by Holt, Rinehart and Winston, Inc. All rights reserved.

ANSWER KEY

CAPÍTULO 4
Lectura A

Mi amiga Alicia.
1. Alicia Vázquez is a Chilean student. She lives in an apartment in Santiago.
2. She attends the university during the week.
3. She goes to the family's country house with her parents, or goes camping to the mountains with her friends.
4. In the summer she sunbathes at Viña del Mar. In the winter she goes skiing.
5. Alicia's friend is going to Chile during (the month of) January.

CAPÍTULO 4
Lectura B

Mi amiga Alicia.
1. a
2. b
3. a
4. a
5. b

Copyright © 1993 by Holt, Rinehart and Winston, Inc. All rights reserved.

ANSWER KEY

CAPÍTULO 5
Lectura A

Los puertorriqueños en los Estados Unidos.
1. Most Puerto Ricans in the United States live in big cities like New York, Philadelphia, Chicago, and Boston.
2. New York City has the largest Puerto Rican population.
3. Most Puerto Ricans come to the United States to find work.
4. Some Puerto Ricans encounter discrimination, more so in cities like New York which are already burdened with problems of poverty, crime, high unemployment, etc.
5. Yes, some Puerto Ricans are successful because they are able to find good jobs; and many are professionals: lawyers, doctors, etc.

CAPÍTULO 5
Lectura B

Los puertorriqueños en los Estados Unidos.
1. b
2. c
3. c
4. b
5. a

Copyright © 1993 by Holt, Rinehart and Winston, Inc. All rights reserved.

ANSWER KEY

CAPÍTULO 6
Lectura A

Los méxico-americanos.
1. The largest Hispanic group in the United States is that of the Mexican-Americans.
2. No, most Mexican-Americans are descendants of the Spanish colonists who were here (in the Southwest) before the arrival of Anglo-Americans.
3. One of the most famous Mexican-Americans is Cesar Chavez, founder of the United Farm Workers.
4. Toney Anaya was the governor of New Mexico.
5. In 1984 Henry Cisneros was under consideration as candidate for vice-president during Mondale's campaign.

CAPÍTULO 6
Lectura B

Los méxico-americanos.
1. c
2. b
3. b
4. a
5. b

Copyright © 1993 by Holt, Rinehart and Winston, Inc. All rights reserved.

ANSWER KEY

CAPÍTULO 7
Lectura A

Las diversiones en el mundo hispánico.
1. Hispanics like to dance at discos, dances and parties.
2. Two popular dances are the tango from Argentina, and the cumbia from Colombia and Venezuela.
3. In Spain there are special clubs for watching movies.
4. Many young people like to sing folks songs and play the guitar.
5. Most Hispanics take walks on weekends, as well as after lunch or before dinner.

CAPÍTULO 7
Lectura B

Las diversiones en el mundo hispánico.
1. a
2. b
3. b
4. b
5. c

Copyright © 1993 by Holt, Rinehart and Winston, Inc. All rights reserved.

ANSWER KEY

CAPÍTULO 8
Lectura A

Un viaje a Barcelona.
1. The student visited Barcelona last year.
2. She went with her Spanish host family.
3. They stayed at a hotel near Las Ramblas.
4. At the children's request, they went to the Parque Güell, and they also visited an amusement park at Monte Tibidabo.
5. They enjoyed themselves very much, but felt quite tired when they arrived home.

CAPÍTULO 8
Lectura B

Un viaje a Barcelona.
1. c
2. a
3. b
4. a
5. c

Copyright © 1993 by Holt, Rinehart and Winston, Inc. All rights reserved.

ANSWER KEY

CAPÍTULO 9
Lectura A

Los deportes en España y Latinoamérica.
1. The most popular sport in Spain and Latin America is soccer.
2. People who cannot attend the games watch them on television or listen to them on the radio.
3. In baseball and soccer there are several Hispanics playing for U. S. teams.
4. Other popular sports in Spain and Latin America are: tennis, golf, boxing, foot racing, and basketball.
5. Sabatini plays tennis, Salazar is a runner and Camacho is a boxer.

CAPÍTULO 9
Lectura B

Los deportes en España y Latinoamérica.
1. b
2. b
3. a
4. b
5. c

ANSWER KEY

CAPÍTULO 10
Lectura A

Ciudades del norte de España.
1. Few Americans visit northern Spain. They could visit Santiago de Compostela and Santander there.
2. Santiago is famous for its cathedral, which is one of the largest in Spain.
3. Today the Hostal is an expensive hotel.
4. They spend their vacation in Santander because it isn't as hot there as in the south.
5. In Santander one can find good hotels and restaurants, a very large casino, nice parks, and beautiful beaches.

CAPÍTULO 10
Lectura B

Ciudades del norte de España.
1. b
2. b
3. a
4. c
5. c

ANSWER KEY

CAPÍTULO 11
Lectura A

Costa Rica, país sin ejército (army).
1. Costa Rica is in Central America, between Nicaragua and Panama.
2. Its main products are coffee, sugar, bananas, meat, and cocoa.
3. It is the only country in the Americas that doesn't have an army.
4. Like the United States, it has presidential elections every four years.
5. Oscar Arias won the Nobel Peace Prize (in 1987) for his plan to end the wars in Nicaragua and El Salvador.

CAPÍTULO 11
Lectura B

Costa Rica, país sin ejército (army).
1. c
2. a
3. a
4. a
5. c

ANSWER KEY

CAPÍTULO 12
Lectura A

Un viaje a México.
1. Laura and Carlos went to Mexico six months ago.
2. They went to the travel agency and bought two round trip tickets.
3. She attended several plays. She also worked at the library in the afternoons.
4. He visited several sites of interest such as the Museo de Antropología and the Palacio Nacional.
5. They liked everything about Mexico: its history, its food, and especially its people.

CAPÍTULO 12
Lectura B

Un viaje a México.
1. c
2. b
3. a
4. c
5. a

Copyright © 1993 by Holt, Rinehart and Winston, Inc. All rights reserved.

ANSWER KEY

CAPÍTULO 13
Lectura A

Los pintores españoles.
1. El Greco did many religious paintings.
2. Velazquez and Goya (painted portraits of the Spanish royal family).
3. The most famous modern Spanish painters are: Pablo Picasso, Juan Gris, Salvador Dalí and Joan Miró.
4. Picasso and Gris are known as cubist painters, while Dalí and Miró are known as surrealists.
5. Here in the United States, one can see many of their paintings at several galleries and art museums.

CAPÍTULO 13
Lectura B

Los pintores españoles.
1. c
2. b
3. a
4. b
5. b

ANSWER KEY

CAPÍTULO 14
Lectura A

La Navidad.
1. Christmas is being described in the reading.
2. Americans usually eat turkey and desserts (sweets).
3. On January 6, most Hispanic children receive presents from the three kings.
4. At Christmas, most Hispanics have a Nativity scene in their house, with figures of Joseph, Mary, the child Jesus, the three kings, and various animals.
5. Turron is a delicious candy made with almonds.

CAPÍTULO 14
Lectura B

La Navidad.
1. a
2. c
3. b
4. b
5. a

Copyright © 1993 by Holt, Rinehart and Winston, Inc. All rights reserved.

ANSWER KEY

CAPÍTULO 15
Lectura A

Granada.
1. This person went to Granada with a girlfriend during spring vacation.
2. Granada is in Andalucía, a region in southern Spain.
3. The Alhambra is a beautiful and old Moorish palace. Many people take pictures there.
4. The tombs of King Fernando and Queen Isabel (the "Catholic Monarchs") are there.
5. In the afternoon they took a walk through Albaicin, and at night they saw Gypsies singing and dancing flamenco.

CAPÍTULO 15
Lectura B

Granada.
1. c
2. a
3. b
4. c
5. c

Copyright © 1993 by Holt, Rinehart and Winston, Inc. All rights reserved.

ANSWER KEY

CAPÍTULO 16
Lectura A

Paraguay.
1. Paraguay is (located) in South America, south of Bolivia, north of Argentina and southwest of Brasil.
2. Paraguay is similar to Bolivia in that neither country has a sea coast.
3. In area, Paraguay is about the same as California. However, it only has about four million people.
4. In Paraguay people speak Spanish and Guarani.
5. Itaipú is a hydroelectric dam on the Parana River. It is the largest such dam in the world.

CAPÍTULO 16
Lectura B

Paraguay.
1. c
2. b
3. c
4. a
5. a

ANSWER KEY

CAPÍTULO 17
Lectura A

Venezuela.
1. Venezuela is (located) in the northern part of South America, east of Colombia and north of Brazil.
2. The Spaniards called the country Venezuela because the Indians' houses in the middle of Lake Maracaibo reminded them of Venice.
3. Oil is Venezuela's most important industry.
4. Today, Venezuela is having financial problems due to low oil prices.
5. Caracas is a big modern city with many tall buildings and impressive highways.

CAPÍTULO 17
Lectura B

Venezuela.
1. b
2. a
3. b
4. c
5. b

ANSWER KEY

CAPÍTULO 18
Lectura A

El Perú.
1. Peru's geography is quite varied. There one can see valleys, mountains, jungle, and deserts.
2. Lima is (located) on the coast.
3. Many archaeologists go to Peru to study the Inca and pre-Inca civilizations.
4. In Cuzco one can see many examples of Incan architecture.
5. In Cuzco many people speak Spanish and Quechua.

CAPÍTULO 18
Lectura B

El Perú.
1. b
2. b
3. a
4. a
5. c

ANSWER KEY

CAPÍTULO SUPLEMENTARIO 1
Lectura A

Una carta.
1. Jose has been in Quito one week.
2. The weather in Quito is very pleasant, but at night it gets a bit chilly.
3. He got sick when he first arrived.
4. So far he saw the Cathedral (where Sucre is buried). He also visited Sucre's house.
5. In Otavalo he plans to go to the market and buy himself a poncho.

CAPÍTULO SUPLEMENTARIO 1
Lectura B

Una carta.
1. c
2. a
3. b
4. b
5. c

Copyright © 1993 by Holt, Rinehart and Winston, Inc. All rights reserved.

ANSWER KEY

CAPÍTULO SUPLEMENTARIO 2
Lectura A

La República Dominicana.
1. The Dominican Republic is in the Caribbean. It is part of the Greater Antilles.
2. The brother of Christopher Columbus founded Santo Domingo in 1496.
3. Historically speaking, Santo Domingo is important because it was the first capital established in the New World.
4. The Dominican Republic's major industries are sugar and tourism.
5. Many Americans go to the Dominican Republic because it is close to the United States, its prices are relatively low, and it has a very pleasant climate.

CAPÍTULO SUPLEMENTARIO 2
Lectura B

La República Dominicana.
1. c
2. a
3. b
4. c
5. c

ANSWER KEY

EXAMEN COMPRENSIVO I
Capítulos P-9

Reading for part I.
  Querido Bob:
  Buenos Aires es una ciudad grande y muy interesante. Me estoy quedando en "El Porteño", un hotel muy céntrico. Al lado del hotel hay un buen restaurante donde sirven comida típica argentina ¡deliciosa! El hotel también está cerca de la famosa Plaza de Mayo. Ayer conocí a unos parientes de mi padre. Nosotros paseamos por el centro y visitamos el Teatro Colón. Mañana viajo a Córdoba. Vuelvo a Buenos Aires el próximo viernes. ¡Hasta pronto!

  Cariños,
  Pam

Choose six of the following questions.
1. ¿Cómo es Buenos Aires?
2. ¿Cómo se llama el hotel?
3. ¿Qué hay al lado del hotel?
4. ¿Qué sirven allí?
5. ¿A quién conoció Pam?
6. ¿Qué visitaron ella y sus parientes?
7. ¿Adónde viaja Pam mañana?
8. ¿Cuándo vuelve ella a Buenos Aires?

I.
1. Buenos Aires es una ciudad grande e interesante.
2. El hotel se llama "El Porteño".
3. Al lado del hotel hay un buen restaurante.
4. Allí sirven comida típica argentina.
5. Ella conoció a unos parientes de su padre.
6. Ellos visitaron el Teatro Colón.
7. Ella viaja a Córdoba mañana.
8. Ella vuelve a Buenos Aires el próximo viernes.

II.
  Answers will vary.

III.
  1. Qué   2. Cómo   3. Dónde   4. Con quién   5. Cuál

IV.
1. esa / muchas / coloniales
2. Aquellas / alemanas / elegantes
3. dos / franceses / socialistas
4. tercer / grande / moderno

V. Answers will vary. Some probable answers are:
  1. está tocando   2. están escribiendo   3. estoy jugando
  4. está preparando 5. está mirando

VI.
1. Sí, lo hablamos.
2. Sí, (mis padres) me lo mandan.
3. Sí, se los vendo.
4. Sí, la sé tocar. (Sí, sé tocarla.)
5. Sí, se las traigo.

VII. Answers will vary. Some probable answers are:
1. ¿Te gusta dormir mucho los domingos?
2. ¿Le molestan los insectos?
3. ¿No le falta la raqueta de tenis?
4. ¿No te interesan los problemas urbanos?
5. ¿Le encanta el chocolate a Pepito?
6. ¿No les gustan los deportes a tus amigos?

VIII.
1. Abran   2. llegue   3. Durmamos   4. Ponte   5. Lean
6. vea   7. Haz   8. vuelvan

IX.
1. fuimos   2. Nos quedamos   3. nadó   4. visité   5. compraron
6. se encontró 7. dieron   8. tomamos 9. saqué   10. fue

X.
1. nos divertimos   2. se quita   3. se lava   4. te pones   5. se casan

XI. Answers will vary. Some probable answers are:
1. librería
2. el desempleo / la pobreza
3. junio / julio / agosto
4. miércoles
5. impermeable
6. tío
7. estudiantes / un(a) profesor(a)
8. Qué suerte
9. el fútbol / el béisbol
10. Tengo (mucha) sed.

XII.
Answers will vary.

XIII.
1. por   2. para   3. para / por   4. por   5. para

XIV.
1. Los españoles llegaron a América en el siglo XVI.
2. Según la lectura, las mujeres amazonas vivieron antes en California.
3. Hernán Cortés descubrió la península que hoy conocemos como Baja California.
4. Muchos españoles se establecieron en el sur de Estados Unidos. Ellos trajeron su cultura, su lengua y su religión.
5. Algunos indios aprendieron español de los españoles, quienes también trataron de convertirlos a la religión católica.
6. Podemos observar la influencia hispánica en los nombres de muchos estados, como también en la música, la política, las artes, la religión, etc.
7. Hoy día hay hispanos trabajando en casi todos los estados de Estados Unidos.

Copyright © 1993 by Holt, Rinehart and Winston, Inc. All rights reserved.

ANSWER KEY

EXAMEN COMPRENSIVO II
Capítulos 10-18

Reading for part I.
Querido Eddie:
Acabo de regresar a Madrid después de un viaje por el norte de España. Santander está en la costa del Mar Cantábrico. Alisa y yo viajamos por autobús. Al llegar a la ciudad encontramos una pensión que sólo costaba 11.000 pesetas la noche. Allí conocimos a los Jiménez, una pareja muy simpática. Ellos eran de Nuevo México. Ellos y nosotros nos hicimos muy buenos amigos. Todos los días íbamos a nadar en el mar, y prácticamente todas las noches comíamos pescado y tortilla. También tomábamos sangría, una bebida que tiene vino tinto y frutas. ¡Ojalá hubieras estado allí! Nos divertimos muchísimo. Eddie, espero que puedas venir a visitarnos en la primavera. Alisa, tú y yo podríamos hacer un viaje a Valencia, en la costa del Mar Mediterráneo. Escribe y cuéntame cuándo vendrás, ¿de acuerdo?

Un abrazo,
Jenny

1. ¿De dónde acaban de llegar Jenny y Alisa?
2. ¿Dónde está Santander?
3. ¿Cuánto costaba la pensión?
4. ¿A quiénes conocieron allí?
5. ¿De dónde era la pareja?
6. ¿Qué hacían ellos durante el día?
7. ¿Qué es la sangría?
8. ¿Dónde está Valencia?

I.
1. Ellas acaban de llegar de Santander (*or:* de un viaje por el norte de España).
2. Santander está en la costa del Mar Cantábrico (*or:* en el norte de España).
3. La pensión costaba 11.000 pesetas la noche.
4. Allí conocieron a (los Jiménez,) una pareja muy simpática.
5. La pareja era de Nuevo México.
6. Durante el día nadaban (*or:* iban a nadar) en el mar.
7. La sangría es una bebida con vino tinto y frutas.
8. Valencia está en la costa del Mar Mediterráneo.

II.
tenía / se mudó / sabía / tuvo / caminábamos /
encontramos / era / hicimos / nadaba / iba / vio

III.
Answers will vary.

IV. Answers will vary. The verb forms should be:
1. saldremos...
2. llevaré...
3. verás...
4. sacarán...
5. valdrá...

V.

Answers will vary.

VI.

mi / Por / diariamente / por / Su / rápidamente / por / directamente / Por / por

VII.

1. terminen 2. tiene 3. sepa 4. fuera 5. sirve
6. enseñara 7. salga 8. vinieras 9. fumáramos 10. hubiera
11. leen 12. vaya

VIII.

Answers will vary.

IX.

Answers will vary.

X.

1. no juguemos béisbol   2. veamos televisión
3. no salgamos temprano   4. durmamos aquí

XI.

Answers will vary.

XII.

Answers will vary.

XIII.
1. Federico García Lorca fue un poeta español.
2. Él escribió sobre el sur de España y sobre los gitanos.
3. Una nana es un poema infantil.
4. <u>Poeta en Nueva York</u> es un libro de poemas de García Lorca sobre sus impresiones y experiencias en Nueva York.
5. Creo que ella está muerta porque el poema dice que la madre está en la casa de la Virgen (en el cielo).
6. García Lorca murió en Granada en 1936, pocos días después de iniciada la Guerra Civil Española.
7. Sí, me gusta leer poesía porque...